大运河文化遗产数字化设计

数字化设计

赵　静◎著

中国商务出版社
CHINA COMMERCE AND TRADE PRESS

图书在版编目（CIP）数据

大运河文化遗产数字化设计／赵静著. -- 北京：
中国商务出版社，2024.11. -- ISBN 978-7-5103-5520
-2

Ⅰ. K928.42-39

中国国家版本馆 CIP 数据核字第 2024C0X367 号

大运河文化遗产数字化设计

赵　静◎著

出版发行：中国商务出版社有限公司

地　　址：北京市东城区安定门外大街东后巷 28 号　邮　　编：100710

网　　址：http://www.cctpress.com

联系电话：010—64515150（发行部）　　010—64212247（总编室）
　　　　　　010—64515164（事业部）　　010—64248236（印制部）

责任编辑：曹　蕾

排　　版：北京天逸合文化有限公司

印　　刷：宝蕾元仁浩（天津）印刷有限公司

开　　本：710 毫米×1000 毫米　1/16

印　　张：11.25　　　　　　　　　　　　字　　数：165 千字

版　　次：2024 年 11 月第 1 版　　　　　印　　次：2024 年 11 月第 1 次印刷

书　　号：ISBN 978-7-5103-5520-2

定　　价：98.00 元

前　言

  在当今数字化迅猛发展的时代，传统文化遗产的保护与传承面临着前所未有的挑战与机遇。大运河作为中国古代重要的水运通道，不仅承载了丰富的历史文化，还体现了人类在水利工程、经济贸易和社会发展方面的智慧，蕴藏着丰富的文化内涵。随着时代的发展和技术的进步，数字化交互设计应运而生。数字化设计通过先进的数字技术与创新手段，让大运河这一珍贵的文化遗产在现代社会中焕发新生，构建出具有沉浸感和良好互动的交互设计体验，帮助公众更好地理解、欣赏和参与大运河文化的传承与保护，让非遗文化可持续地在如今的社会中发展。

  随着 AIGC（人工智能生成内容）的兴起，数字化设计为大运河的活化注入了新的动力，使看不见、摸不着的文化能够通过算法生成生动的视觉和交互体验，为进一步的设计提供了充足且丰富的设计材料。多感官设计理念的融入使得人们在体验过程中，不仅能看到和听到，还能触摸和感受到，拓展了人们的感官通道，从而建立更深层次的情感连接。同时，情感量化设计通过实时数据分析，评估用户的情感反应，优化体验效果。在设计工具中，Unity 引擎的强大功能和 Kinect、Leap Motion 等体感技术，允许用户通过手势、身体动作或言语等更符合人类本能的方式与数字内容进行直观的交互，提供了一种更为自然和沉浸的用户体验，提升了用户的参与感和互动性，以直观的方式探索大运河的文化精髓。这种综合性的设计方法，不仅提升了文化遗产的可达性，更使其在现代社会中焕发出新的活力与价值。

  本书将探讨如何利用数字技术为大运河文化遗产注入活力，从而推动其在当代的价值再现，也为数字活化交互设计提供系统的理论基础与实践指导。本书以大运河为例，创新技术与多学科的融合，整合数字技术、人文学科、心理学、设计理论和人机交互等多个领域，不仅探讨了技术应用的前沿，还强调了情感连接和用户体验在文化遗产中的核心地位。文化遗产的数字化活化能够增强公众对历史的认同感与归属感，促进文化交流与理解，这为数字文化产业提供了新的视角和方法，充分发掘设计、科技、人文的交融在赋予传统文化新的生命与活力的潜力，也为艺术、旅游、教育等领域的实践带来了创新思路。

作　者

2024.5

目　录

第 1 章　大运河文化遗产简介 / 001

　1.1　大运河文化遗产总述 / 001

　1.2　大运河文化遗产分类 / 003

　1.3　京杭大运河文化遗产案例介绍 / 008

第 2 章　文化遗产数字化设计方法 / 023

　2.1　文化遗产数字化的意义 / 023

　2.2　数字化设计工具介绍 / 025

　2.3　数字化设计方法和流程 / 027

第 3 章　AIGC 在大运河文化遗产活化中的应用 / 030

　3.1　AIGC 工具介绍 / 030

　3.2　AIGC 在大运河文化遗产数字化中的应用 / 060

　3.3　基于 AIGC 的文化遗产数字活化案例赏析 / 062

第 4 章　Unity 和 Kinect 在大运河文化遗产活化中的应用 / 071

　4.1　Unity 和 Kinect 的简介与使用 / 071

　4.2　Unity+Kinect 在大运河文化遗产数字化中的应用 / 080

　4.3　基于 Unity+Kinect 的大运河文化遗产数字活化案例赏析 / 081

第 5 章　Leap Motion 在大运河文化遗产活化中的应用　／090

5.1　Leap Motion 的简介与使用　／090

5.2　Leap Motion 在大运河文化遗产数字化中的应用　／096

5.3　基于 Leap Motion 的大运河文化遗产数字活化案例赏析　／098

第 6 章　多感官设计在大运河文化遗产中的应用　／105

6.1　多感官设计概述　／105

6.2　多感官设计在大运河文化遗产数字化中的应用　／107

6.3　基于多感官设计的大运河文化遗产数字活化案例赏析　／109

第 7 章　情感量化设计在大运河文化遗产中的应用　／126

7.1　情感量化设计概述　／126

7.2　情感量化设计在大运河文化遗产数字化中的应用　／135

7.3　基于情感量化设计的大运河文化遗产数字活化案例赏析　／137

第 8 章　文化遗产数字化理论的普适性总结　／160

8.1　文化遗产数字活化的基础理论分析　／160

8.2　传统文化遗产展示方式的局限性　／163

8.3　数字化技术在文化遗产中的应用　／165

8.4　文化遗产数字化中的用户体验设计　／167

8.5　文化遗产的可持续发展与社会影响　／168

参考文献　／172

第1章 大运河文化遗产简介

1.1 大运河文化遗产总述

大运河是中国古代重要的水利工程，主要包括京杭大运河、浙东大运河和隋唐大运河等多个部分，这些部分共同承载着丰富的历史文化和社会经济价值。由于浙东大运河和隋唐大运河在历史上多以运输功能为主，文化氛围相对分散，而无法全面代表运河精神，因此在本书中我们选择以京杭大运河作为研究主体。京杭大运河的文化遗产更加集中，运河沿线的生产与生活特色更为明显，充分体现了沿线地区的文化精髓。其独特性使京杭大运河成为数字化设计的理想案例，为大运河整体文化遗产的活化与传播提供了深入的探索和实践基础。

因此，本书通过聚焦京杭大运河，旨在为大运河整体文化遗产的数字活化提供具体的设计思路与方法。

1.1.1 京杭大运河的简述

在中国的辽阔水系版图中，众多大江大河自西向东奔腾不息，而京杭大运河，则以其独特的南北走向，成为这幅壮丽画卷中的一抹异色。它北起繁华的北京，一路蜿蜒，穿越了天津的古韵、河北的广袤、山东的富饶、江苏的温婉、浙江的灵秀，以及河南与安徽的深厚历史底蕴，共计跨越了八个省份，其独特之处不仅在于其地理位置的跨越性，更在于它是完全凭借人的智慧与汗水开凿的伟大工程。

京杭大运河，作为连接中国南北的黄金水道，自古以来便是促进经济交流与文化融合的重要纽带。它见证了古代商贾云集的繁荣景象，为区域间的贸易往来铺设了便捷的通道，对推动国家经济发展和社会进步做出了不可磨灭的贡献。

转眼间，2024年仲秋悄然而至，这意味着京杭大运河申遗成功已满十个年头。在这一历程中，得益于国家层面坚定的政策扶持与高度重视，加之每一位参与遗产保护与传承工作者的不懈努力与无私奉献，大运河沿岸丰富的文化遗产得以在时间的长河中熠熠生辉，历久弥新。这份成就，是对古代文明智慧的崇高致敬，也是对现代文明守护与传承责任的深刻践行。

因此，京杭大运河不仅是一条河流，它还是流动的历史，是文化的传承，更是中华民族勤劳智慧与不懈追求美好生活精神的生动写照。在未来的日子里，随着保护工作的持续深入与公众保护意识的不断提升，相信京杭大运河将以其独特的魅力，继续在世界文化遗产的璀璨星空中闪耀光芒。

1.1.2　京杭大运河的建造背景

京杭大运河始建于春秋时期。春秋战国时期开凿运河基本都是为征服其他诸侯国服务的。例如，吴王夫差命人开凿邗沟的直接目的是运送军队北伐齐国，魏惠王开凿鸿沟也基本是为了征服其他诸侯国。而隋王朝在天下统一后即做出了贯通南北运河的决定，其动机已超越了服务军事行动的目的，因为此时天下已统一。隋开运河有经济方面的动机。在很长时期内，中国古代的经济重心一直在黄河流域，北方的经济比南方的繁荣。但到魏晋南北朝时期，社会发生了深刻变化。400多年的混乱使北方经济受到严重的冲击，与此相对，南方经济获得迅猛发展。隋统一全国后，格外重视南方地区，但隋定都大兴城，其政治中心不能伴随经济重心的发展变化南移。因此，国家需要加强对南方的管理，国都需要与富庶经济区联系，北方需要南方粮食物资供应，不论是中央朝廷还是官僚贵族或是北方边境皆是如此。同时，长时期的分裂阻断社会南北经济的交流，而随着生产力水平的提高，经济的发展到这一时期已迫切要求南北经济加强联系。此外，隋开运河也有政治方面的动机。魏晋南北朝时期是门阀世族大发展的时期，他们的力量相当强大。隋统一后，他们仍依恃其强大的势力，企图与中央政权抗衡。这一尖锐矛盾在江南地区一直存在，使隋政权面临严重威胁，隋统治者要实施对南方的有效统治，势必先贯通南北运河。同时，北部边境少数民族政权对隋亦是大患，隋王朝派出大量军队驻扎边境，这些军队的粮饷仅靠屯田是不够的，必须依靠江淮和中原粮饷供应。路途遥远，开凿运河才是解决问题的关键。因此，历时 6 年的京杭大运河修建工程开始了。

1.2　大运河文化遗产分类

京杭大运河，这条蜿蜒流淌的古老水道，自南向北穿越中国广袤的大地，宛如一条历史的纽带，将千年的故事与文化紧紧相连。这条古老的运河，见证了无数朝代的更迭与兴衰，承载了丰富的历史记忆与文化积淀，其沿岸的文化遗产犹如一颗颗璀璨的明珠，镶嵌在运河的碧波之畔，闪耀着独特的光芒。

这些文化遗产，如同一部部活生生的历史教科书，不仅展示了中国古代的建筑艺术、水利技术、商贸繁荣程度，还反映了当时社会的风土人情、宗教信仰、文化交流等多方面的内容。它们以不同的形态存在，有的古朴典雅，透露出岁月的沧桑与厚重；有的雄伟壮观，彰显着古代工匠的卓越技艺与非凡创造力；还有的细腻温婉，蕴含着深厚的文化底蕴与人文关怀。正是这些丰富多彩的文化遗产，共同构成了京杭大运河独特的文化景观，吸引着无数中外游客前来探寻与品味。

在接下来的篇幅中，我们将介绍大运河的水利工程遗产，同时深入探索京杭大运河沿岸具有代表性的文化遗产，包括那些历经风雨沧桑仍屹立不倒的古建筑、横跨运河之上见证无数过往的古桥梁，以及曾经商船云集、货物集散，如今却静默诉说历史的古码头。它们将引领我们穿越时空的隧道，走进那段辉煌的过往,感受那份厚重的历史与文化底蕴。

1.2.1　水利工程遗产

1. 大运河主体工程

京杭大运河的水利工程主体,其构建之精妙、规模之宏大,堪称世界水利史上的奇迹。大运河巧妙地利用了自然地形与水系,通过人工开凿与天然河道的有机结合,实现了南北五大水系的互联互通。这一过程中,工程师们不仅需要进行大量的地理勘察与水文分析,还需考虑如何平衡各水系之间的水量与水位,以确保航道的畅通无阻。精妙的工程设计,让人叹为观止。在工程技术方面,京杭大运河展现了多项令人瞩目的创新。例如,在闸坝的设计上,古代工匠们采用了"复式船闸"的巧妙构思,即在河道上建造多级闸室,通过逐级提升或降低水位,使船只能够顺利跨越较大的水位差。这种设计不仅提高了通航效率,还减少了水流对船只的冲击与损伤。此外,大运河还广泛采用了"分水岭"技术,即在河流交汇处建造分水工程,将水流合理分配到各个航道上,避免了水流过急或过缓导致的航运问题。在运河的维护与保养方面,古代的能工巧匠们也是展现了高超的智慧。为了防止河道淤积与洪水泛滥,大运河沿线设置了大量的堤防与疏浚设施。这些设施不仅能够有效抵御洪水的侵袭,还能在枯水季节为航道提供必要的水量。同时,为了保持河道的清洁与畅通,还设立了专门的河工机构,雇专职人员定期对河道进行清理与疏浚工作。值得一提的是,大运河水利工程还促进了中国古代的科技进步与文化传播。在运河的修建与运营过程中,古代工匠们不断总结经验、改进技术,推动了水利工程技术的发展与进步。同时,大运河作为南北交通的要道,也促进了沿线地区之间的经济交流与文化传播,为中国古代的整体繁荣与发展做出了重要贡献。京杭大运河的水利工程主体不仅展现了中国古代水利技术的卓越成就与创新能力,也为后人留下了宝贵的历史遗产与文化财富,其深远影响跨越时空,至今仍熠熠生辉。

2. 代表性水利工程设施

南旺分水工程,坐落于山东省济宁市汶上县南旺镇,是大运河上的一颗璀璨明珠。面对大运河跨越水脊的自然挑战,南旺分水工程以非凡的创造力与精准的计算,巧妙地解决了水流分配难题。其独特之处在于,通过一系列精妙设计的引水渠、分水闸及调节池,实现了对南北水流的精准调控,确保了运河水量均衡、船行无阻。这一工程的成功实施,不仅彰显了古代工程师们的卓越智慧,也标志着工业革命前世界土木工程技术的巅峰成就,被誉为"世界水利史上的奇迹"。

沿大运河而下,会通河作为另一项重要水利工程,同样值得我们细细品味。会通河不仅是大运河的重要组成部分,更是连接南北水系的关键纽带。在其建设过程中,古人充分利用了自然地形与水源条件,通过挖掘新河道、疏通旧河道、建设闸坝等措施,实现了水流的顺畅流通与调节。会通河的开通,极大地促进了南北物资的交流与文化的融合,为中国古代经济的繁荣与发展注入了强大动力。

再向北京方向追溯,通惠河作为连接北京与江南地区的重要水道,同样令人瞩目。通惠河的设计充分考虑了北京的水资源需求与运河的通航条件,通过从昌平区白浮泉引水,并沿途设置闸坝与调节设施,实现了水流的精准调控与高效利用。这一工程的实施,不仅解决了北京的水资源短缺问题,也为南北物资的交流与文化的融合提供了重要保障。通惠河的水利工程设施不仅体现了中国古代人民对水资源管理的深刻认识与高度重视,也为我们今天的水利工程建设提供了宝贵的经验与启示。

此外,大运河沿岸还分布着众多其他重要的水利工程设施,它们或用于防洪排涝、或用于灌溉农田、或用于改善航运条件,共同构成了大运河水利工程遗产的丰富内涵。这些工程设施不仅展现了中国古代人民与自然和谐共生的理念与实践,也为后世留下了宝贵的文化遗产与精神财富。

1.2.2　文化遗产

1. 物质文化遗产

（1）古建筑

在京杭大运河这条蜿蜒流淌的长河边,古建筑如同璀璨的珍珠,镶嵌于两岸，诉说着往昔的辉煌与沧桑。其中，临清舍利塔与济宁太白楼，便是这众多古建筑中的杰出代表，它们不仅承载着丰富的历史文化信息，更是运河沿岸不可或缺的文化地标。

临清舍利塔，矗立于山东省临清市的繁华之地，其巍峨身姿见证了四个多世纪的岁月变迁。始建于明朝万历三十九年（1611），这座古塔以其独特的建筑风格和深厚的文化底蕴，与通州的燃灯塔、杭州的六和塔、扬州的文峰塔并称为"运河四大名塔"。临清舍利塔不仅是大运河沿岸重要的佛教文化遗产，也是古代建筑艺术的杰出典范。其塔身挺拔，造型优美，塔檐飞翘，风铃悠扬，一砖一瓦都透露着古代工匠的精湛技艺与对美的追求。登上塔顶，极目远眺，运河风光尽收眼底，令人心旷神怡，仿佛穿越时空，回到了那个帆影点点、商贾云集的繁荣年代。

而济宁太白楼，则位于山东省济宁市任城区的古运河北岸，因李白常在此饮酒赋诗而得名。太白楼不仅是对李白诗酒风流的缅怀，更是运河文化的一个重要载体。楼内布局典雅，院中古木参天，诗文碑刻琳琅满目，每一处细节都透露出深厚的文化底蕴。在这里，游人不仅可以领略到李白诗歌的魅力，还能感受到运河文化的博大精深。太白楼的历史悠久，文化氛围浓厚，它见证了运河的繁荣与变迁，也承载了人们对美好生活的向往与追求。

除此之外，大运河沿岸还有许多其他具有代表性的古建筑，如扬州的个园、苏州的拙政园等，它们各自以其独特的建筑风格、精湛的园林艺术以及丰富的文化内涵，共同构成了大运河文化遗产中古建筑这一重要板块。这些古建筑不仅是大运河文化的珍贵遗产，也是中华民族悠久历史与灿烂文明的生动体现。

（2）古桥梁

在京杭大运河这条悠悠古道上，古桥不仅是水上交通的枢纽，更是历史与文化的生动注脚。每一座古桥都承载着厚重的历史记忆，以其独特的姿态诉说着过往的辉煌与沧桑。

位于江苏省无锡市的清名桥，横跨于古运河之上，是无锡南长街的灵魂所在。清名桥始建于明万历年间，桥身以青石砌成，古朴而庄重，桥面上斑驳的石板记录着无数行人的足迹。桥两侧的石栏雕刻精美,形态各异,既有飞禽走兽,也有花卉草木,展现出古代工匠的卓越技艺。每当夜幕降临,桥上的灯光与水中倒影交相辉映,营造出一种温馨而宁静的氛围,让人仿佛穿越回那个商贾云集、舟楫往来的繁华时代。

南下至浙江省杭州市,杭州拱宸桥以其雄伟的姿态迎接每一位旅人。拱宸桥横跨大运河杭州段,是古代杭州城北的重要门户。桥身采用石拱桥结构,形态优美,线条流畅,展现出古代桥梁建筑的独特魅力。桥上的石栏雕刻精美,图案丰富多样,既有传统的龙凤呈祥,也有寓意吉祥的莲花、宝瓶等。站在桥上,可以俯瞰运河的壮丽景色,感受杭州这座城市的独特韵味。

最后转向北京通州,那里的永通桥(又称八里桥)是大运河上另一座不可忽视的古桥。永通桥始建于明正统年间,是北京通往南方的重要通道之一。桥身高大雄伟,桥面宽阔平坦,足以容纳多辆马车并行。桥两侧的石栏雕刻着精美的图案和浮雕,展现出古代工匠的精湛技艺和丰富想象力。永通桥不仅是大运河上的重要地标,也是北京历史文化名城的重要组成部分。

这些古桥是大运河上不可或缺的交通设施,见证着运河的兴衰变迁和沿岸城市的繁荣发展,承载着无数人的记忆与梦想。

2. 非物质文化遗产

在京杭大运河这条流淌着千年文明的长河上,不仅古桥林立,更孕育了众多璀璨夺目的非物质文化遗产,它们如同活化石般,记录着运河沿岸人民的智慧与创造,传承着中华民族的文化记忆。

不得不提的是运河号子,这一独特的传统口头艺术,是运河船工们世代相传的宝贵财富。每当晨曦初现或暮色降临,运河之上便会响起那激昂有力的号子声,它们或高亢嘹亮,或低沉婉转,不仅协调着船工们的劳动节奏,更寄托着他们对生活的热爱与向往。运河号子以其独特的韵律和丰富的内涵,成为大运河文化的重要标志,展现了劳动人民勤劳勇敢、团结协作的精神风貌。

运河沿岸也有优秀的民间艺术出现和发展。其中苏绣以其精湛的工艺和独特的艺术魅力脱颖而出。苏绣源于苏州,却随着运河的流淌而广泛传播至运河沿岸各地。它以针代笔，以线为墨，通过绣娘们的巧手，将花鸟鱼虫、山水人物等自然美景和人文情怀细腻地绣制于绸缎之上，形成了一幅幅栩栩如生的艺术佳作。苏绣不仅是中国传统手工艺的代表之一，更是大运河文化多元交融的生动体现。

此外，运河沿岸还流传着一种独特的戏曲形式——评弹。评弹以苏州评话和弹词为代表，融合说唱、表演等多种艺术形式于一体，以其优美的唱腔、生动的表演和深刻的社会内涵深受观众喜爱。在运河边的小茶馆或书场里，常常能见到评弹艺人的身影，他们手持三弦或琵琶，自弹自唱，将一段段历史故事和民间传说娓娓道来，让听众在享受艺术之美的同时，也能感受运河文化的独特魅力。

运河沿岸还有丰富的民俗节庆活动，如扬州的中秋拜月、杭州的西湖龙舟竞渡等。这些节庆活动不仅丰富了运河沿岸人民的精神文化生活，也促进了地域文化的交流与融合。在特定的时节里，人们欢聚一堂，共同庆祝节日的到来，通过舞龙舞狮、划龙舟、放烟花等传统习俗，表达着对生活的热爱和对未来的美好祝愿。这些民俗节庆活动不仅是大运河文化的重要组成部分，更是中华民族传统文化的重要载体和表现形式。

京杭大运河上的文化遗产丰富多彩、独具特色，它们是大运河文化的重要组成部分，也是中华民族悠久历史和灿烂文化的生动体现。在未来的日子里，让我们共同珍惜这些宝贵的文化遗产，让它们继续焕发出新的生机与活力，为中华民族的文化繁荣与发展贡献更多的力量。

1.3　京杭大运河文化遗产案例介绍

1.3.1　北京王麻子剪刀锻造技艺

清代顺治八年（1651），山西籍王姓匠人在北京经营剪刀，生意兴隆，因其面部有麻子，人称"王麻子"，"王麻子剪刀"就此扬名。清代乾隆二十三年（1758）的《帝京岁时纪胜》一书中已有王麻子剪刀的相关记载，说明这一手工产品在当时已成为名牌。

王麻子剪刀锻制技艺独特，包括 13 道炉上工序和 13 道炉下冷作工序，锻打复杂精湛，绝招多，其中"蘸火拌药"技艺在刀剪行业中独一无二。其成品造型厚重大气，质朴自然，具有典型的北方特点，结构独特，剪切有力，可一剪多用，如图 1.1 所示。其刃口为熟铁贴钢，锋利异常，好使耐用，不崩不卷，易制易修。

王麻子剪刀锻制技艺是传统锻制工艺的代表，具有很高的技术价值。相关产品现在依然是人们生产、生活的必备工具，能适应各专业领域的需求。

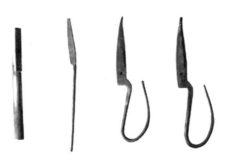

图 1.1　王麻子剪刀

1.3.2　北京南新仓

南新仓，位于北京东城区的心脏地带，不仅是一座见证了明清两朝盛世繁华的皇家粮仓，也是京杭大运河漕运体系中不可缺失的一环。其深邃的历史根脉，紧紧与这条贯通南北的黄金水道相连，共同书写着中国古代经济、文化的辉煌篇章。

作为明清时期北京城内最大的皇家粮仓，南新仓承担着储藏从江南等地通过京杭大运河漕运而来的数百万石粮食的重任。每年，江南的稻米、麦子等粮食作物在丰收后，便沿着这条古老的水道北上，经由天津、通州等地，最终抵达南新仓。这里成为连接江南鱼米之乡与北方政治中心的枢纽，见证了无数船只穿梭、帆影如云的繁荣景象。

南新仓的建筑群，以其规模宏大、布局严谨、工艺精湛而著称。仓廒

（áo）设计科学合理，防潮、防鼠、通风等设施一应俱全，确保了粮食得以长期保存。同时，其城墙高耸、气势恢宏，不仅展示了皇家粮仓的威严与庄重，也体现了古代工匠们的高超技艺与智慧。

时至今日，南新仓虽已不再是储粮之地，但其作为京杭大运河漕运文化的重要载体，仍承载着厚重的历史记忆与文化价值。它见证了运河的兴衰变迁，也展示了中华民族坚韧不拔、勇于开拓的精神风貌。如今，南新仓已转变为集文化、休闲、商业于一体的综合性园区，吸引着无数游客与市民前来探访，感受古老韵味与现代活力的交织。

1.3.3 北京燕京八绝

北京燕京八绝，作为中国传统工艺美术的瑰宝，不仅承载着深厚的文化底蕴，更以其精湛绝伦的技艺和独特的艺术魅力，成为中华文化的重要象征。这八大工艺门类，包括景泰蓝、玉雕、牙雕、雕漆、金漆镶嵌、花丝镶嵌、宫毯以及京绣，每一项都是匠人心血与智慧的结晶，它们共同构筑了燕京地区璀璨夺目的文化景观，如图 1.2 所示。

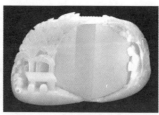

图 1.2 北京玉雕、雕漆

景泰蓝，以其华丽典雅的色彩和繁复精细的图案著称于世。其制作工艺复杂，需经过制胎、掐丝、点蓝、烧蓝、磨光、镀金等多道工序，方能成就一件光彩夺目的作品。景泰蓝的色彩丰富多变，蓝色为主调，辅以红、黄、绿等多种色彩，实现了鲜明对比与整体和谐的统一，展现出极高的艺术审美价值。

玉雕，作为燕京八绝之一，以其温润细腻的质地和巧夺天工的雕刻技艺而闻名。玉雕艺人需根据玉石的天然形态和纹理，巧妙构思，因材施艺，通过切割、琢磨、抛光等手法，将一块块平凡的玉石雕琢成栩栩如生的艺术品。燕京玉雕以其造型生动、线条流畅、意境深远而著称，充分展现了中华民族对美的追求和向往。

牙雕，同样以其精细入微的雕刻技艺和独特的艺术风格而备受推崇。燕京牙雕艺人善于根据象牙的质地和色泽，通过浅浮雕、深浮雕、圆雕等多种技法，创作出层次分明、立体感强的作品。这些作品题材广泛，既有山水人物、花鸟鱼虫等传统题材，也有反映现实生活、时代风貌的现代题材，充分展示了燕京牙雕艺术的多样性和包容性。

雕漆，是一种在漆器上雕刻图案的技艺，燕京雕漆以其色彩鲜艳、光泽亮丽、图案精美而著称。艺人需在漆器表面涂上多层漆料，待其干燥后，再进行雕刻。雕刻时，需根据图案的复杂程度和艺人的技艺水平，采用不同的雕刻技法，如平雕、浮雕、镂雕等，以达到最佳的视觉效果。燕京雕漆作品不仅具有极高的艺术价值，还因其独特的工艺和材质而具有极高的收藏价值。

金漆镶嵌，是将金箔或金粉镶嵌在漆器表面的一种技艺。燕京金漆镶嵌以其金碧辉煌、富丽堂皇的视觉效果而著称。艺人需先在漆器表面涂上多层漆料，待其干燥后，再进行镶嵌。镶嵌时，需将金箔或金粉细致地粘贴在图案的轮廓线上，形成鲜明的对比和强烈的视觉效果。燕京金漆镶嵌作品不仅展现了匠人的高超技艺，还体现了中华民族对美好生活的向往和追求。

花丝镶嵌，是一种将金银等贵金属拉制成细丝，再镶嵌在器物表面的技艺。燕京花丝镶嵌以其精细繁复、华丽典雅的风格而著称。艺人需先将金银拉制成细丝，再根据设计图案进行编织、焊接、镶嵌等工序，最终形成一件件精美的艺术品。这些作品不仅具有极高的艺术价值，还因其独特的工艺和材质而备受收藏家的青睐。

宫毯，作为燕京八绝中的一项传统手工艺，以其精湛的编制技艺和丰富的图案设计而著称。燕京宫毯以优质羊毛或蚕丝为原料，经过选毛、梳毛、染色、编织等多道工序制成。其图案设计多取材于中国传统纹样和吉祥图案，如龙凤呈祥、牡丹富贵等，寓意着吉祥如意、富贵荣华。燕京宫毯不仅具有极高的实用价值，还因其独特的艺术风格和精湛的工艺而成为中华文化的重要代表。

京绣，作为燕京地区的传统刺绣技艺，以其针法细腻、色彩丰富、图案精美而著称。京绣艺人需根据设计图案的要求，选用不同颜色的丝线，通过平绣、锁绣、打籽绣等多种针法，将图案绣制在绸缎等面料上。京绣作品图案多样，既有山水人物、花鸟鱼虫等传统题材，也有现代抽象图案和创新设计，充分展示了京绣艺术的多样性和创新性。

1.3.4　天津杨柳青木版年画

天津杨柳青木版年画，作为天津市民间传统美术的瑰宝，其历史可追溯至明朝万历年间，居中国四大木版年画之首，更是国家级非物质文化遗产。杨柳青木版年画以其独特的艺术风格和深厚的文化底蕴闻名于世。其制作工艺精湛，包括勾、刻、印、绘四大步骤，每一环节都凝聚着匠人的心血与智慧。画师们以细腻的线条勾勒出丰富多样的题材，从历史故事、神话传说到戏曲人物、世俗生活，无不展现出杨柳青年画的广泛性和深刻性。

杨柳青木版年画的构图饱满，色彩典雅，人物形象生动，既保留了传统绘画的精髓，又融入了民间艺术的韵味。其独特的"半印半绘"技法，使得年画作品既具有版画的韵味，又不失手绘的细腻与灵动，如图 1.3 所示。年画的线条流畅，刀法纯熟，每一幅作品都是对匠人技艺的极致考验与展现。

值得一提的是，杨柳青木版年画不仅在国内享有盛誉，其代表作品更被多个国家的博物馆、艺术馆作为珍品收藏。这既是对杨柳青木版年画艺术价值的肯定，也是对其独特魅力的最好证明。

如今，杨柳青年画馆坐落在天津市西青区石家大院西侧，这座集展示与制作于一体的年画馆，不仅展示了杨柳青木版年画的发展历程与代表作品，更让游客有机会亲身体验年画的制作过程，感受这一传统艺术的独特魅力。在这里，每一幅年画都承载着匠人的心血与故事，每一道工序都彰显着杨柳

图 1.3 天津杨柳青木版年画

青木版年画的独特韵味与精湛技艺。

1.3.5 河北蔚县剪纸

河北蔚县剪纸，源自明代的传统民间艺术，以其独特的风格与精湛的工艺，在国内外享有盛誉。蔚县剪纸并非传统意义上的"剪"，而是采用"刻"的技法，以薄薄的宣纸为画布，运用小巧锐利的雕刀，精细刻制出各种图案。这一技艺的变革，不仅丰富了剪纸的表现形式，还使其作品具有了更强的视觉冲击力和艺术感染力。

蔚县剪纸的构图饱满、造型生动，色彩对比鲜明，充满了浓郁的乡土气息和民间韵味，如图 1.4 所示。其题材广泛，从花鸟鱼虫到人物故事，从吉祥图案到民俗风情，无不展现了民间艺人的丰富想象力和高超技艺。在创作过程中，蔚县剪纸注重阴刻与阳刻的巧妙结合，以阴刻为主，阳刻为辅，使得作品既见色彩之美，又显刀工之精。同时，染色技艺的精湛运用，更是让蔚县剪纸的色彩明快绚丽，展现出和谐大方的美感。

除构图外，蔚县剪纸的制作工艺也十分精美与复杂，包括设计造型、熏样、雕刻、染色等多道工序,每一环节都需匠人精心操作,方能成就一幅佳作。正是这种对工艺的极致追求,使得蔚县剪纸在众多民间艺术中脱颖而出,成为国家级非物质文化遗产之一。

图 1.4　蔚县剪纸

1.3.6　山东潍坊风筝

山东潍坊,这座历史悠久的城市,被誉为"世界风筝之都",其风筝艺术源远流长,制作技艺精湛,是中华传统文化的瑰宝。潍坊风筝以其独特的造型、精湛的工艺和丰富的文化内涵享誉全球。

潍坊风筝的代表性特点首先体现在其种类繁多、形态各异上。从传统的硬翅风筝到轻盈灵活的软翅风筝,每一种都承载着匠人的智慧与心血。硬翅风筝以其稳定的飞行性能和精美的工笔绘画著称,如杨家埠风筝,其翅膀骨架由上下两根竹条构成,形成三角风兜,易于飞高且飞行平稳。而软翅风筝则更加轻飘灵活,翅膀下部去掉骨架,放飞时栩栩如生,令人叹为观止,如图 1.5 所示。

此外,潍坊风筝的制作工艺也极为考究。风筝艺人们就地取材,选用优质竹材、绢布等原材料,经过扎制、裱糊、彩绘等多道工序精心制作。特别是潍坊木版年画手法的运用,使得风筝的色彩对比鲜明,图案栩栩如生,具有极高的艺术价值。

除此之外,潍坊风筝不仅在国内享有盛誉,更是走出国门,成为连接世界的文化桥梁。据统计,世界上 70% 以上的风筝都出自潍坊,这不仅得益于

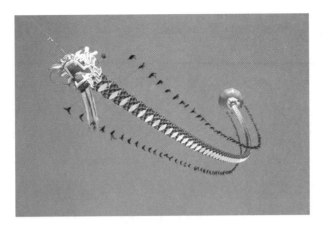

图 1.5　潍坊风筝

其庞大的生产规模，更在于其不断创新的设计理念和技术水平。近年来，潍坊风筝与现代科技相结合，推出了软体风筝、三角风筝、夜光风筝等新型风筝，进一步丰富了风筝的种类和表现形式。山东潍坊风筝以其独特的魅力，成为中国传统文化的重要代表之一。无论是其种类繁多、形态各异的造型特点，还是精湛考究的制作工艺，都充分展示了中华民族的智慧和才华。同时，潍坊风筝的国际化发展，也进一步推动了世界风筝文化的交流与融合。

1.3.7　山东德州黑陶烧制技艺

德州黑陶烧制技艺是山东省德州市地方传统技艺，曾是黄河流域新石器时代晚期农耕文化的巅峰之作。

德州黑陶器型匀称、规整，做工精细，质地坚硬，保持着浓厚的民间特色，是一种无釉压光陶器，如图 1.6 所示。其以京杭大运河两岸的红胶泥为原料，使用传统手工轮制成型，历经成型、修坯、无釉压光、雕刻等 11 道工序。陶坯体刻花多采用红雕、浅雕以及透雕多种艺术手法；在纹样上，主要有弦纹、刻画图案、镂空，多取材于自然景物。陶器烧制技艺拥有深厚的历史底蕴和丰富的人文内涵，不仅具有极高的文化价值，还成为传承中华文明的载体。

图 1.6 德州黑陶

1.3.8 浙江杭州广济桥

广济桥，横跨于杭州余杭塘河之上，不仅是杭州古城的标志性建筑之一，也是京杭大运河沿线的重要桥梁。广济桥独特的历史地位与精巧的建筑风格，使得其成为连接南北交通、促进文化交流的重要纽带。

广济桥始建于宋代，历经多次修缮与重建，现存桥梁主体为明清时期所建，展现了古代桥梁建造的精湛技艺。桥身以青石砌成，坚固耐用，桥面上铺设的青石板路历经岁月磨砺，依旧平整如初。桥梁结构采用多孔石拱桥设计，既美观又实用，既便于船只通行，又减轻了水流对桥身的冲击。桥栏雕刻精美，石狮、莲花等图案栩栩如生，展现了古代工匠的卓越艺术才华。

广济桥与京杭大运河的关系密不可分。作为大运河杭州段的重要组成部分，广济桥不仅是南北交通的必经之地，还是商贸往来、文化交流的重要通道。在明清时期，随着大运河漕运的繁荣，广济桥见证了无数商船穿梭、货物往来的繁忙景象。同时，桥畔也逐渐形成了繁华的市集与商街，吸引了来自四面八方的商贾与游客。

广济桥现在虽已褪去了往昔的繁华，但其作为历史文化遗产的价值却日益凸显。如今，广济桥依旧安静地横跨在河面，诉说着那段关于运河、关于桥梁、关于城市发展的悠久历史。广济桥不仅是杭州城市景观中的一道亮丽风景线，更连接着过去与未来，让行人与游客感受那份古老而深沉的文化底蕴。

1.3.9　浙江杭州拱宸桥

拱宸桥，坐落于杭州城北，横跨京杭大运河，是杭州古桥中的瑰宝，也是大运河文化的重要象征。此桥始建于明崇祯四年（1631），历经数百年风雨洗礼，依然巍峨挺立，展现着古代桥梁建筑的卓越成就。

拱宸桥以其雄伟的身姿和独特的石拱结构著称，如图 1.7 所示。其全长近百米，宽近十米，主拱跨径约 16 米，两侧辅以石阶，便于行人上下。桥身全部采用质地坚实的条石砌筑，石缝间以糯米石灰浆黏合，工艺精湛，坚固异常。

图 1.7　杭州拱宸桥

除此之外，拱宸桥也是连接南北交通的重要枢纽。在古代，大运河作为南北经济交流的主要通道，拱宸桥便成为商船往来的必经之地。桥下桨声灯影，桥上人声鼎沸，一片繁荣景象。同时，拱宸桥还是杭州城北的门户，桥畔逐渐形成了繁华的市集与商街，促进了周边地区的经济发展与文化交流。

1.3.10　江苏苏州宋锦织造技艺

江苏苏州自古便是丝绸之府，其宋锦织造技艺更是中华丝绸文化中的一颗璀璨明珠。宋锦以其独特的织造工艺、丰富的图案设计及卓越的品质，成为中国古代丝绸艺术的杰出代表。

宋锦的代表性特点首先体现在其织造工艺的复杂性与精细度上。它采用"经锦"和"纬锦"相结合的织造方式，即"经二重"和"纬三重"组织，使得织物表面图案与底纹层次分明，色彩丰富而不失和谐。织造过程中，匠人需精准控制经纬线的交织，每一道经纬线都蕴含着匠人的心血与智慧，如图1.8所示。此外，宋锦还常采用金银线作为装饰，使织物在阳光下熠熠生辉，更显尊贵典雅。

图 1.8　苏州宋锦

图案设计上，宋锦充分展现了中华文化的博大精深。其图案题材广泛，既有寓意吉祥的龙凤、牡丹、祥云等传统纹样，也有反映江南水乡风情的小桥流水、渔舟唱晚等自然景致。这些图案通过匠人的巧手，被细腻地织入锦中，每一幅图案都是一幅精美的艺术品，讲述着一个个动人的故事。

最为难得的是，宋锦的织造技艺发展至今，依然保持着手工操作的传统。从原料的选择、染色到上机织造，每一个环节都严格遵循古法，确保宋锦的纯正品质与独特韵味。这种对传统的坚守与传承，使得宋锦不仅是一件实用的生活用品，更是一种文化的传承与延续。

江苏苏州的宋锦织造技艺以其复杂的织造工艺、丰富的图案设计及卓越的品质，成为中华丝绸文化中的瑰宝。它不仅是古代丝绸艺术的杰出代表，更是中华民族智慧与创造力的结晶。在现代社会，宋锦以其独特的魅力，继续绽放着耀眼的光芒，吸引着世界的目光。

1.3.11　江苏邳州跑竹马

邳州跑竹马又称竹马舞、竹马会。邳州跑竹马流行于滩上、八路、徐塘等镇，属于自娱自乐型的传统民俗舞蹈。相传其始于宋代，内容取材于女真族跨马游春的故事，已有一千年的历史；后经历代民间艺人的排演与实践，已形成了固定的演出形式，具有鲜明的艺术特色，如图1.9所示。

图 1.9　邳州跑竹马

邳州跑竹马的表演者共有10人，装扮成历史人物。头骑跨马或麒麟，称"老鞑子"（金兀术），后随4妃，系男扮女装，均跨马。每一骑后跟随一马童。10名表演者"拉路势"进场，跑出各种"阵势"，表现兴围狩猎的场景。上身穿绣花豹衣，左手握马鬃环，右手执马鞭；马童戴罗帽，上身穿豹衣勒攀甲绦，腰勒大带，背插双刀，双手执马旗。马色与服装颜色一致，依次为黄、红、绿、白、黑五种。马壳分头、身两段，系篾扎、纸糊而成，系于舞者腰间。马壳周围有马围布，遮住舞者双腿，双腿佯作四蹄，实为以步代马，翩翩起舞。

1.3.12　江苏高邮平津堰遗址

平津堰遗址，位于江苏省高邮市，是京杭大运河文化遗产的重要组成部分。该遗址坐落在高邮镇国寺塔对岸的大运河故道西堤，其历史可追溯至唐元和年间，由时任宰相、淮南节度使李吉甫主持建造，旨在调节运河水位，确保航运畅通无阻，同时兼顾农田灌溉，展现了古代水利工程的卓越智慧。

平津堰不仅是淮扬运河段发现的唯一古堰，更是大运河开凿史上的水利杰作。现存的平津堰遗址，主要为明代条石砌成的古石堰，长约百米，结构严谨，历经千年风雨仍屹立不倒，展示了古代水利技术的精湛与运河文化的繁荣。其南侧堰体为 11 层，北侧则为 15 层，这种独特的分层设计，不仅增强了堤防的稳固性，也体现了古人对水利工程的深刻理解与巧妙运用。

平津堰的建造，解决了当时运河水位调节的难题，确保了漕运的顺利进行，还极大地便利了周边农田的灌溉，受益灌溉面积可达数千顷，改善了当地农业生产条件，对区域经济发展产生了深远影响。

1.3.13　江苏淮安清口枢纽遗址

清口枢纽遗址，位于江苏省淮安市，这处遗址不仅是水利工程的杰出代表，更是人与自然和谐共生的智慧结晶。历史上，清口枢纽曾是黄河、淮河、京杭大运河三条河流的交汇之处，其独特的地理位置和复杂的水系环境，使得这里成为中国大运河上最具挑战性的工程之一。

清口枢纽遗址占地面积广阔，达 49 平方公里，在这片区域内，分布着 53 处各类文化遗产，包括古堤坝、水闸、祠庙等。其中，最具代表性的有高家堰、归仁堤、天妃坝等，这些堤坝不仅坚固耐用，而且设计巧妙，体现了古代水利工程师们高超的技艺和深远的规划眼光。高家堰是"蓄清刷黄"方略的关键，其加高加固工程有效阻挡了淮水北泄，确保了运河水质的清澈；而归仁堤的修建，则进一步巩固了黄河的流向，保障了运河的畅通无阻。

清口枢纽与京杭大运河的关系密不可分。作为大运河上的重要节点，清口枢纽的建设与维护直接关系到整个大运河的运输无阻和漕运的持续畅通。明清两代，中央政府投入巨大的人力、物力和财力，对清口枢纽进行了持续的治理和改造，使其成为中国大运河上最具科技含量的枢纽工程之一。2014年，随着中国大运河被列入世界文化遗产名录，清口枢纽也以其独特的历史价值、科学价值和艺术价值，赢得了国际上的广泛认可。

1.3.14　江苏扬州漆器髹（xiū）饰技艺

扬州漆器髹饰技艺（如图1.10所示），作为江苏省扬州市的传统手工技艺，承载着两千四百多年的悠久历史，是国家级非物质文化遗产中的瑰宝。其技艺精湛，工艺繁复，历经战国至明清的辉煌发展，至今仍闪耀着璀璨的光芒。

扬州漆器髹饰技艺的代表性特点在于其材料的多样性和工艺的精细性。它选用木、漆、灰、牙、玉、石、骨、金、银、贝等千余种优质材料为原料，通过涂、绘、勾、刻、填、雕、镂、磨、镶、嵌等多种手法，赋予漆器平、亮、细、匀、艳、雅的艺术表现效果。其中，多宝嵌和螺钿漆器尤为著名。多宝嵌工艺由明嘉靖年间匠师周翥创制，以翡翠、象牙、玛瑙等珍贵材料雕镂拼接于漆器上，使作品华丽富贵、典雅浑厚。而螺钿漆器则分为平磨螺钿和点螺两大类，前者以贝壳薄片拼贴镶嵌，图案疏朗有致，风格清雅；后者则以细如发丝的螺片点植于漆底，色彩绮丽，明亮如镜。

扬州漆器的制作工序极为烦琐，包括批腻子、刮灰、刷漆、推光等步骤，每一步都需精细操作，方能成就一件光素平滑的漆胚。其品种繁多，涵盖屏风、橱柜、桌椅、茶具、文房四宝等多个领域，充分展现了扬州漆器技艺的广泛应用和深厚底蕴。

扬州漆器以其精湛的工艺和独特的艺术魅力，不仅赢得了国内外市场的广泛赞誉，更成为中华民族传统工艺的重要代表之一。在现代社会中，扬州漆器髹饰技艺面临着新的挑战与机遇。随着人们审美观念的变化和市场需求的调整，扬州漆器行业正积极探索新的发展方向，力求在传承与创新中焕发新的生机与活力。

图 1.10　扬州漆器

1.3.15　浙江湖笔制作技艺

湖笔制作技艺，是浙江省湖州市善琏镇传统手工技艺，同时也是国家级非物质文化遗产之一。湖笔由纯手工制作，制作工艺十分复杂，如图 1.11 所示。从原料准备到成品出厂，制作一支湖笔一般需要经过择料、水盆、结头、装套、蒲墩、镶嵌、择笔、刻字等十二道大工序，从中又可细分为一百二十多道小工序。制作工匠秉承"精、纯、美"的准则，生产出"尖、齐、圆、健"四德齐备的成品湖笔。

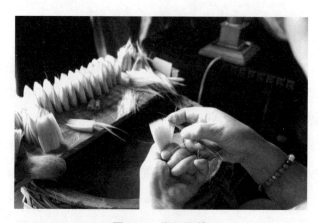

图 1.11　浙江湖笔

第2章 文化遗产数字化设计方法

2.1 文化遗产数字化的意义

随着数字技术的飞速发展，文化遗产的保护与传承方式也在不断革新。传统的保护手段往往局限于物理空间和时间维度，而数字化为文化遗产的活化设计带来了更多元的可能性。不仅仅是简单的 3D 重建或扫描，数字化涵盖了多种技术手段，能够让文化遗产焕发新的生命力，吸引更多人群的关注与参与。通过数字化设计，文化遗产不再局限于静态展示，而是能够以更加生动和互动的形式融入现代生活中，成为公众可以体验、参与和感知的活态文化。在这种背景下，探索文化遗产数字化的意义及其在保护、传承、展示和国际交流中的作用显得尤为重要。

2.1.1 文化遗产保护与传承

文化遗产的数字化不仅限于 3D 重建和扫描，更涵盖了利用多种数字手段对文化遗产进行记录、保护与传播。传统的文化遗产保护通常依赖于物理保存方式，容易受到自然灾害、环境变化以及人为破坏的威胁。而通过数字化技术，文化遗产能够以更安全和持久的方式被保存。具体而言，虚拟存档、高清影像、数字模型等形式，能够完整保留遗产的形态与细节，精确记录文物的外观、结构和纹理，为后续的修复工作提供精确参考。这种数字化保存方式为未来的修复、研究和教育提供了丰富的素材，同时也为文化遗产的长期传承和保护工作奠定了坚实基础。此外，数字化还能够实现文化遗产的虚拟展示，使得原本难以亲眼所见的遗产通过数字平台向全球观众展示，从而大大扩展了文化遗产的传播范围和影响力。

2.1.2　提升公众参与度与认知水平

数字化技术能够打破传统展示的时空限制，将文化遗产呈现给更广泛的受众群体。对于形式，数字化技术使得文化遗产的展示更加多样化、互动化，极大地提升了公众的参与度和认知水平。在传统的展示方式中，观众往往处于被动接受信息的状态，而数字化技术则为他们提供了主动参与的机会。通过虚拟现实（VR）、增强现实（AR）、多媒体展示等互动体验，观众可以置身于历史场景中，与文化遗产进行互动。例如，观众可以通过 VR 设备"走进"历史建筑，体验当时的生活方式，或者通过 AR 应用，实时观看文物背后的历史故事。此类互动体验不仅增强了观众的沉浸感，也使文化遗产的教育功能得以提升，帮助观众更深刻地理解和认同文化遗产的价值。此外，线上数字化展览和社交媒体平台的应用，也为文化遗产推广和公众参与提供了新的途径，进一步拉近了文化遗产与普通大众之间的距离。这些技术不仅能够使观众更加直观地理解文化背景，还能通过沉浸式体验和互动激发他们的兴趣与参与热情，提升公众对文化遗产的保护意识。

2.1.3　文化遗产的创新展示

数字化技术为文化遗产的创新展示提供了前所未有的可能性。传统展示方式往往受限于展览空间和其他物理条件，而数字化突破了这些限制，使得文化遗产的展示形式更加丰富多样。通过数据可视化、互动艺术装置、沉浸式体验等手段，文化遗产的展示不再局限于博物馆和展厅。观众可以在数字空间中穿越时空，探索文化遗产的历史和演变过程，甚至通过个性化互动深度体验遗产背后的故事。例如，通过全息投影技术，观众可以观看到已消失或无法搬运的文化遗产的立体影像；通过多媒体互动装置，观众可以自主选择了解某一文化遗产的特定方面，如其历史背景、工艺技术、文化意义等。此外，数字化技术还能够实现文化遗产的动态展示，通过动画、视频、虚拟导览等方式，生动地呈现文化遗产的演变过程和背后的故事。这种创新的展示方式不仅能够吸引更多的观众，还能使他们在愉快的体验中获得知识，从而实现文化遗产的教育和传播功能。这种创新展示方式丰富了文化遗产的表达形式，为文化创意产业提供了新的灵感来源。

2.1.4　全球文化交流与合作

数字化技术打破了地域和文化的界限，为全球文化遗产的交流与合作搭建了桥梁。在数字化时代，文化遗产不再仅仅是某个国家或地区的专属，而可以通过网络平台与全球共享。数字化平台使得不同国家和地区的文化遗产能够在线上展示，并通过多语言、多媒体的形式为全球观众所理解和欣赏。例如，全球数字图书馆和文化遗产数据库的建立，使得世界各地的研究人员和文化爱好者可以在一个平台上浏览、研究和讨论不同文化遗产的内容。这种跨文化的交流与合作促进了不同文明之间的理解与尊重，为文化遗产的跨国保护和研究提供了更多的机会。国际学术界和文化机构可以通过数字化平台进行资源共享与合作，推动全球文化遗产的共同保护与传承。

随着数字技术的不断进步，文化遗产数字化已不再仅仅是保护和展示的工具，而是成为文化传承、公众教育和全球合作的重要手段。数字化技术不仅为文化遗产的保护提供了新的解决方案，还重新定义了其展示与传播的方式。在这一背景下，数字化设计工具、系统化的方法和流程尤为重要，它们能够确保在充分利用数字技术的同时，保护文化遗产的核心价值，并通过创新的方式增强公众的参与感和互动体验。因此，深入探讨文化遗产数字化的设计方法与流程，已成为推动数字化项目成功实施的关键。

2.2　数字化设计工具介绍

数字化设计工具，是指运用现代信息技术和计算机科学技术，为设计师提供的一套高效、精确且富有创造力的设计辅助工具。这些工具不仅极大地简化了传统设计流程中的烦琐步骤，还通过图形处理、数据分析、模拟仿真等功能，为设计师提供了前所未有的创意表达空间和解决方案。在文化遗产活化领域，数字化设计工具更是发挥了不可替代的作用，能帮助设计师在保护文化遗产原貌的基础上，进行创新性的再利用设计，为文化遗产注入新的生命力和价值。接下来，我们将详细介绍几类主流的数字化设计工具，同时也将探讨这些工具在文化遗产活化中的具体应用，以展现数字化设计工具在推动文化遗产保护与传承方面的巨大潜力，如表 2.1 所示。

表 2.1　主流数字化设计工具

数字化工具	类型	核心功能	在数字化设计与文化遗产活化中的具体应用案例	主要优势
AIGC（人工智能生成内容）	技术	利用 AI 算法自动生成文本、图像、音频、视频等内容；支持内容个性化与多样化；可集成于各类数字化设计与创作流程中	自动生成文化遗产的数字导览解说词，提升解说效果；创作具有地方特色的文化遗产推广视频，增强文化传播力；根据用户偏好生成个性化的学习材料，提高文化遗产教育效率	提高创作效率，降低人力成本，拓展内容边界，激发新的创意灵感；增强用户体验，满足个性化需求
Unity	游戏开发引擎与交互式应用平台	支持 3D 建模、动画、物理模拟；提供强大的渲染与交互设计工具；支持 VR/AR 技术，实现沉浸式体验	构建文化遗产的虚拟现实游览体验，让用户身临其境；开发互动式文化遗产保护游戏，寓教于乐；创建交互式的展览空间，增强用户参与感	跨平台部署，支持多种设备和平台；高效渲染与物理模拟，提升视觉效果；强大的社区支持，丰富的资源库与插件
Kinect	深度传感器与动作捕捉设备	实时捕捉三维空间中的物体与人体动作；提供高精度的人体骨架追踪；支持实时数据分析与交互控制	在文化遗产修复项目中，辅助记录与分析专家修复动作；实现基于动作识别的文化遗产虚拟展览互动；开发健身娱乐应用，将文化遗产元素融入体感游戏中	无须穿戴设备，用户体验自然；高精度动作捕捉，提供精准数据支持；可扩展性强，支持多种自定义开发

数字化工具	类型	核心功能	在数字化设计与文化遗产活化中的具体应用案例	主要优势
Leap Motion	手部追踪与手势识别设备	捕捉手指的细节动作；支持复杂手势识别与交互控制；适用于VR/AR等沉浸式环境	在文化遗产的数字化展示中，实现手势控制虚拟对象的操作；创作手势控制的文化遗产教育软件，提高互动性；开发手势控制的虚拟艺术创作工具，促进文化传承与创新	精准的手势识别能力；自然的交互方式，降低用户学习成本；增强用户体验，提升交互效果
多感官设计	设计理念与方法	综合视觉、听觉、触觉等多种感官体验进行设计；强调设计的整体氛围与情感共鸣；应用于展览、产品、服务等各个领域	在文化遗产的数字化展览中，结合声音、光影、触感等多种元素，营造沉浸式体验；设计多感官参与的文化遗产教育项目，提升学习效果；开发多感官反馈的智能产品，提升用户体验品质	加深用户感知与理解；增强情感共鸣与记忆点；提升设计作品的吸引力与感染力
情感量化设计	设计分析方法与工具	基于情感数据分析用户需求与体验，将情感量化指标融入设计流程；指导设计优化与迭代	分析文化遗产数字化展示中用户的情感反馈，优化展示内容与形式；在教育产品的设计中，通过情感量化分析提升用户体验与满意度；开发基于情感识别的智能服务系统，提供个性化服务	精准把握用户需求与情感；提升设计决策的科学性与有效性；增强用户体验的满意度与忠诚度

2.3　数字化设计方法和流程

目前，数字化设计的方法在现代交互设计中表现为越来越多地使用先进的技术工具。

2.3.1　用户需求分析

首先，在设计过程中需要明确用户的需求，可以采用情感量化的设计方法，如使用生物测量设备采集用户信息，从而抓住用户个性化的痛点和期望，以此建立明确的设计目标，为用户提供可以满足其情感体验、功能需求、审美偏好的产品设计方案。

2.3.2　概念生成与可视化

其次，是根据用户需求生成初步的设计方案。该设计阶段可采用 AIGC 进行初步创意构思，来生成个性化的文本、图像、音视频等内容作为后续设计开发的可视化草案。这不仅能显著提高前期创作的效率，并且能作为创意点激发设计开发者的灵感，减少人力投入并拓展创作的边界。

2.3.3　设计原型开发

再次，根据草案，在 CAD 等设计软件进行初步概念设计，快速创建和修改模型，并进行渲染、3D 打印等，使设计原型进一步可视化或实体化。或者，可使用 Unity、UE5 等游戏开发引擎和交互式应用平台进行产品建模、动画创作和交互方案设计，该类应用对构建虚拟现实（VR）或增强现实（AR）的数字体验提供了强大的支持，且减少了物理模型制作的时间和成本。

以上是设计者在进行数字化设计时的主要步骤，为了进一步丰富设计内容和形式，可以从多感官设计的角度，综合用户视觉、听觉、触觉等感官信息，从而打造出更具沉浸感和情感共鸣的设计体验。该类数字化设计适用于展览和教育项目，能有效提高用户的参与感和学习效果。

此外，Kinect 和 Leap Motion 作为动作捕捉和手势识别方面的专业硬件设备，能为设计原型的开发提供多样化的互动方式和精确的用户数据支持。Kinect 用于记录和分析动作，实现与虚拟环境的互动；而 Leap Motion 则在手势控制的小型化产品互动中展现出优势，能增强用户的自然交互体验。这两种工具均能为设计方案原型提供多种人性化的交互渠道。

2.3.4　设计验证

从次，在设计师开发了完整的设计方案之后，为了分析产品性能的可靠性，可以通过计算机仿真和分析工具进行测试，如使用 SolidWorks（一款 3D CAD 软件）来进行力学分析、使用 COMSOL Multiphysics（多物理场仿真平台）进行多物理场（结构、流体等）仿真。在用户层面，为了进一步验证设计是否能满足用户的需求，同样可采用心率传感器、眼动仪等设备收集用户的生物信息反馈，将其配合用户体验时的主观使用感受，从而评估设计的功能和可行性，确保设计能达到预期的效果和符合用户要求。

2.3.5　设计优化与迭代

最后，收集产品在数字环境中的信息和用户反馈数据后，设计师可根据实际情况进行设计优化。例如，通过 MATLAB（一款商业数学软件）等工具分析数据，在数字环境中快速迭代设计并调整功能，以提高产品质量和用户体验。在完成最终设计后，也同样需要持续监控用户反馈，进行阶段性的迭代改进，不断提升产品设计效果。

整合数字化设计应用的原理和设计流程可以极大程度上改进和优化设计方案，不断提高设计效率，缩短设计周期，提升企业效益。数字化技术的应用对现代产品设计起到了关键推动作用，技术变革带来了全新的设计思路和方法，为设计提供了独特的人文视角。数字化不仅重新定义了设计风格和理念，还突破了传统设计方法限制，开拓了更广阔的美学视野，从而为产品设计注入了多元且创新的理念和思路。

第 3 章　AIGC 在大运河文化遗产活化中的应用

3.1　AIGC 工具介绍

AIGC（Artificial Intelligence Generated Content）指生成式人工智能，通过已有数据的学习和识别，以相当的泛化能力生成相关内容的技术。本章第一节主要介绍目前主流的 AIGC 工具，将从绘画、视频、3D 设计、界面排版、语言处理方面来分别介绍不同领域下的 AIGC 工具，并且为读者展示如何去使用 AIGC 工具进行内容的创作。

3.1.1　AI 绘画工具

AI 绘画工具是利用人工智能技术来辅助或生成艺术作品的工具，这些工具通常基于深度学习模型，能够学习艺术风格和创造新的视觉内容，包括图像生成、风格转移、艺术创作等。常见的 AI 设计工具的功能是生成式绘画，即使用生成式模型，如 GAN（生成对抗网络）或 VAE（变分自编码器），来生成艺术风格的图像；还有艺术风格转换，能够将一幅图像转换为特定艺术家或艺术风格的作品；以及作为创作者的灵感源泉，为艺术家和设计师提供新的创意。

AI 绘画工具相比传统绘画方式，能够快速地、大量地生成作品或设计原型，而且能展现多种风格和类型，从抽象艺术到写实风格，可以满足不同用户的需求和偏好。并且，AI 绘画工具的操作较为简单，即使没有艺术背景或绘画技能的人也可以进行创作。但 AI 绘画工具也同样存在一些弊端，AI 绘画在原创性和转换复杂且高度抽象的艺术风格方面存在问题。

常见的 AI 绘画工具有以下几种。

1. Midjourney

Midjourney 在生成式人工智能技术方面展示了多方面的突出特点和优势。Midjourney 生成的图像具有艺术感，可以根据使用者特定的需求生成定制化的内容，如非现实世界的视觉内容。Midjourney 的优势在于其容易上手、操作难度低，且具有高度创意性。

Midjourney 生成的图像偏抽象风格，因此不够精确。但生成的图像或绘画具有风格统一、非常规和富有艺术风格等特点。

Midjourney 是基于文本提示生成图像的工具，工作模式是从自然语言描述中生成图像，标准叫法是"Prompt"，中文译作"提示词"，AIGC 圈内也称作"咒语"。例如，输入"Product photography, blue dior perfume in the snow, snowflake pattern on the bottle, high precision, depth of field, falling snow--v5"后可以生成图 3.1。

图 3.1　Midjourney 生成的图片

2. Stable Diffusion

Stable Diffusion 基于一种先进的图像生成技术，通过其高度可控、可自定义和可修改的生成过程和高质量的图像输出，为艺术家、设计师和数字媒体从业者提供了强大的工具，以创造出独特和引人注目的视觉内容，如图 3.2 所示。

Stable Diffusion 利用扩散过程来生成图像，这是一种渐进地添加噪点到图像的方法，通过逐步减少噪点的方差来提高图像质量；此外，用户可以通过调整噪点水平的参数来控制图像的生成过程，从而调整生成图像的清晰度和细节。因此，它生成的图像通常具有较高的分辨率和视觉质量，图像逼真且细腻，适合用于艺术创作和设计领域，如品牌设计、文字海报设计、电商场景设计等。然而，Stable Diffusion 依赖于大量的数据训练，可能产生版权问题，因此，数据质量和隐私保护是使用该技术时需要处理的难题之一。

图 3.2　Stable Diffusion 应用示例

Stable Diffusion 还可以与建模软件 Blender 搭配使用，来为设计师提供帮助。Stable Diffusion 在 Blender 中的主要功能是在 3D 场景中通过输入对应场景文字应用不同的画面风格，将复杂的 3D 模型场景转化为一个二维场景图片，如图 3.3 所示。Stable Diffusion 上手难度高、需要电脑配置高，但上限高，可以满足多场景的需求。

图 3.3　Stable Diffusion 在 Blender 中的应用示例

3. DALL-E

DALL-E 是由 OpenAI 开发的先进图像生成模型，其通过控制语义而输出高质量的图像，从而应用于广泛的场景。DALL-E 能够生成多样化的图像内容，包括从日常物品到抽象概念的广泛主题，如图 3.4 所示。用户可以通过输入文本来控制生成图像的内容和风格，而且生成的图像通常具有高度的视觉一致性和真实感。DALL-E 生成的图像通常具有良好的清晰度和细节，适用于印刷品、数字媒体和艺术品等多种应用场景。

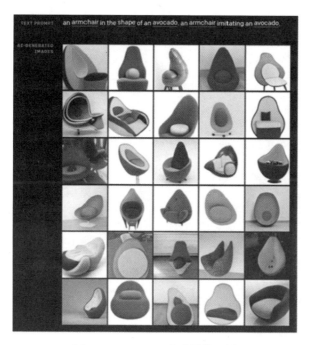

图 3.4　DALL-E 生成图片示例

DALLE-E 通过自然语言交互，因此操作起来简单易上手。但 DALLE-E 容易将物体和属性混淆，并且将文本放入图像中的能力存在欠缺，生成复杂场景图片时对细节处理略有不足。DALLE-E 的使用成本较高昂，所以对于普通用户或初学者来说，DALL-E 并不是第一选择。

4. Artbreeder

Artbreeder 是基于 AI 的图像生成工具，作为一个强大的图像生成平台，其通过创新的混合和调整功能，推动了艺术和设计领域的数字化和创新发展。Artbreeder 允许用户通过调整和混合不同图像的"基因"，即各种图像属性，包括颜色、结构、风格等方面的特性，从而生成新的图像。

　　Artbreeder 的用户界面友好，使得非专业用户也能轻松创建高质量的艺术作品。用户还可以精细调节图像特征，如色调、纹理、形状等，以创造出个性化和独特的图像效果和人物角色、建筑、画作、自然景观、科幻场景等内容。Artbreeder 人像捏脸功能主要依赖于其数据库中的现有图像，风格较为单一，如图 3.5 所示。图中，中央的人物面部图像是通过混合和调整产生的结果；顶部的部分用于添加和混合父母图像；左侧是用于调整面部和风格特征的滑块，包含了各种细节属性，用于修改特定特征，如发色、眼睛颜色、面部毛发、表情、亮度和面部特征等。

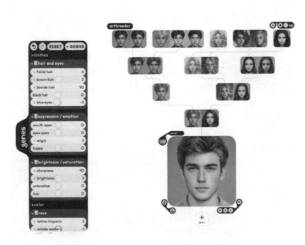

图 3.5　Artbreeder 生成图片示例

　　Artbreeder 也存在一些不足，如可能在艺术性和现实性之间平衡不佳，或因算法的限制，导致某些特定风格或效果难以实现。

5. 文心一格

　　文心一格是一种结合文学与图像生成技术的创新工具。不同于传统的图像生成工具，它通过输入文学作品的文本描述来生成对应的图像，能够将文字内容转化为视觉艺术作品。文心一格的优势在于它专注于理解中文文本，能够捕捉文学作品中的情感和抽象概念，并将其转化为具体的图像，帮助用户将文字情感化为视觉形象，常应用于中国市场中的产品设计。

文心一格还具备一个特殊功能：人物动作识别再创作，如图 3.6 所示。通过这个功能，用户可以先调整人体骨骼和动作，再输入控制文本描述想要生成的人物角色形象，随后文心一格根据自定义的人体骨架和描述性文本生成图像。

图 3.6 文心一格人物动作识别创作界面

文心一格扩展了艺术创作的边界，使得非艺术专业背景的人也能通过文本描述来进行艺术创作，促进了创意表达的多样性，在文学和视觉艺术之间建立了连接。文心一格在教育领域也存在一定的研究价值，它通过视觉表达帮助学生理解文学作品背后的情感传递。

针对中文文本视觉化的文心一格在处理复杂或非中文描述时表现不佳，而且较为依赖输入的文本质量和描述能力，这就需要用户具备一定的文学描述能力和创意表达技巧。

6. 奇域 AI

奇域 AI 的主要特征是它生成的图像符合中式审美风格，常应用于中式绘画和中式元素创作。但是，奇域 AI 也提供多种生成模式，包括人物、动物、风景等，用户可以选择不同的主题和风格进行图像生成，如图 3.7 所示。用户还可以通过调整多个参数，如颜色、结构、明暗等，精细地控制生成图像的细节和整体效果，画面中多余的部分可以通过"负向咒语"移除，部分细节可以通过"微调"功能控制。如果想要创作系列作品，还可以通过"风格延伸"进行出图。总体来说，奇域 AI 生成图像的质量较高、细节丰富，逼真度高，艺术感较强。

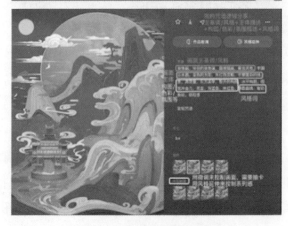

图 3.7　奇域 AI 创作流程

由于奇域 AI 强调本地化内容生成，这导致了在生成图像的国际化方面可能存在不足。

7. Adobe Firefly

Adobe Firefly 是一款独立的网络应用程序，其集成于 Adobe Creative Cloud，提供了构思、创作和交流的新方式，同时显著改善了使用生成式 AI 的工作流程，并且可安全用于商业用途。在 Adobe Firefly 中可以创建图像、向文本添加样式和纹理、用 AI 生成的内容填充图像区域、制作社交媒体帖子或海报和传单、生成矢量图形等，所有这些操作都可通过简单的文本提示完成，如图 3.8 所示。Firefly Web 应用程序支持创意云的协作和工作流程，与其他 Adobe 软件紧密协作，但受限于 Adobe 订阅服务。

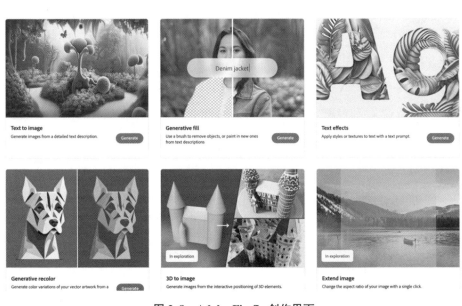

图 3.8　Adobe Firefly 创作界面

3.1.2　AI 视频工具

AI 视频工具利用机器学习、计算机视觉和自然语言处理等技术来处理和增强视频内容，能够优化视频制作的多个方面，极大地提升了视频制作的效率和质量，使得用户能够更轻松地创作出富有创意和专业水准的视频内容，节省了大量的创作时间和人力资源成本。

AI 视频工具可以自动检测和剪辑视频中的关键场景或高兴趣点，从而帮助用户节省时间和精力。它们可以识别人物、物体、场景，并根据预设的规则或算法进行剪辑和编辑；生成个性化的动画、视频片段，包括文本动画、转场效果和虚拟现实元素的添加，这些功能使得用户能够为视频增加更丰富的视觉内容。AI 在生成文本动画的功能上，可以识别和分离视频中的语音，提供语音识别功能，甚至可以进行语音合成和语音改善，以提高音频质量和清晰度。在色彩校正和视觉效果方面，AI 可以分析视频的色彩分布和光照情况，并自动进行色彩校正，以确保视频质量的一致性。此外，AI 还可以添加特效、滤镜和其他视觉效果。

常见的 AI 视频工具有以下几种。

1. Sora

Sora 是一款利用先进的人工智能技术，特别是生成对抗网络来自动生成视频内容的工具。Sora 能够根据用户输入的指导或素材，自动创建视频内容。用户可以通过文字描述、关键词或简单的指令，让 Sora 生成符合需求的视频片段。Sora 不仅限于生成传统视频，还可以创作出抽象艺术风格、动画或具有特定主题的视频。这种多样性使得 Sora 适用于不同类型的创意表达和应用需求。

Sora 能够创造出包含多个角色、特定动作类型以及与主题和背景相符的详细场景。这款模型不仅能理解用户的指令，还能洞察这些元素在现实世界中的表现。由于对语言有着深刻的理解，Sora 能够精准地捕捉到用户的需求，并创造出充满生命力、情感丰富的角色。此外，Sora 还能在同一视频中创造出多个画面，同时保持角色和视觉风格的一致性。

图 3.9 是 Sora 根据文字描述生成的视频截图，描述文本为"一位时髦的女士穿行在日本东京的街头，街道充满了温暖的霓虹灯光和动感的城市标志。她上身穿着一件黑色皮夹克，搭配一条长红裙和黑色靴子，手拿一个黑色手提包。她戴着太阳镜，涂红色口红。她走路既自信又随意。街道潮湿且能反射灯光，创造出彩色灯光的镜面效果。许多行人来来往往"。

图 3.9　Sora 生成的视频截图

Sora 的优势让它被应用于多个领域，常用于制作产品演示视频和营销材料。它可以帮助广告公司和营销团队快速生成符合品牌形象和宣传需求的广告视频，客户根据具体需求调整视频的风格、镜头设置、特效或配乐，实现个性化定制，提升视觉吸引力。

尽管 Sora 能够生成高质量的视频，但在需要特定细节或真实感的任务中或处理复杂场景或特定动态效果时，可能会受到技术限制，出现一些不自然或难以表达的情况，例如在图 3.9 中无法模拟复杂场景的物理效应，这可能需要后期处理或人工干预来调整。

2. Pika Labs

Pika Labs 是一个使用 AI 技术制作视频的免费平台，用户可以通过输入文字描述，如对风格、场景、动作、氛围等的描述，或者上传图片作为提示来生成视频。Pika Labs 支持生成和编辑各种风格的视频，比如 3D 动画、动漫和电影。Pika 制作的视频大约长 4 秒，通常以每秒 24 帧的速度运行，只需 30秒即可生成短视频。

Pika Labs 基于 Discord（一款聊天软件）的界面，为用户与 AI 交互提供了熟悉的环境。用户不仅能在 Discord 上使用 Pika Labs 的服务，还可以在官网进行视频生成和编辑，用户还能够通过 Pika Labs 实现画布延展、局部修改、视频时长拓展等编辑需求。

在使用 Pika Labs 过程中需要注意的是提示词应使用专业名词（如图 3.10 右图所示）。

图 3.10　Pika 生成的视频截图

3. Runway Gen-2

Runway 是国外一家在线视频剪辑制作网站，它本身有非常成熟的在线视频处理技术，在 AI 火起来之后快速上线了结合人工智能技术的功能。Runway Gen-2 的视频生成功能以其自动化、多样性和定制性，为各种创意和行业应用提供了一种高效、创新的视频创作解决方案。

Runway Gen-2 同样利用先进的生成对抗网络技术，能够自动化生成高质量的视频内容。用户可以通过简单的输入或指令，如文字描述、关键词或简单的指导，让系统生成符合需求的视频，如图 3.11 所示。

这款工具除了可以生成现实场景的视频，还可以创作抽象艺术、动画短片或具有特定主题的视频内容。用户可以根据具体需求调整生成视频的风格、色彩、镜头设置以及特效，如图像延展外绘、根据文本生成 3D 贴图纹理、视频局部无损放大等，从而实现个性化定制。尽管 Runway Gen-2 能够生成高质量的视频，但其在处理复杂场景或特定动态效果时，可能会受到技术限制或算法的局限性，影响到视频的细节表现和真实感。

4. Moonvalley

Moonvalley 是一个开创性的新型文本到视频的生成式 AI 模型。用户用简

图 3.11　Runway Gen-2 根据文本生成的视频截图

单的文本即可创建出惊人的电影和动画视频。Moonvalley 也同样基于 Discord，其功能强大，支持文字生图、图生图等功能。由于其上手容易且免费，被称为 Pika Labs 的 "平替"。

Moonvalley 使用方式很简单，使用方法与 Midjourney 类似。在 Moonvalley 频道里点选任意一个 new-moon 房间，输入指令/create 就会自动跳出输入界面，总共有三个项目需要填写：prompt、style 和 duration。prompt 是填入要生成影片的指导文字；style 是图片风格，直接选择界面中的五种风格之中的一个；duration 是影片长度，共有三种长度，越长的影片生成时间越久，但最长的影片也只有三秒，如图 3.12 所示。

5. Stable Video Diffusion

Stable Video Diffusion 是 Stability AI 公司旗下产品，也是一种基于深度学习和生成对抗网络技术的视频生成工具，能够根据文本描述生成高分辨率、高质量的视频内容。它可以将真实场景与虚拟物体完美地融合在一起，呈现出非常逼真的效果，如图 3.13 所示。

图 3. 12　Moonvalley 操作界面

图 3. 13　Stable Video Diffusion 应用示例

　　除了用于生成视频，它还可以用于物体或模型的多视角生成，因此适合产品介绍、媒体内容制作和艺术创作等多个领域。

　　Stable Video Diffusion 可以生成高质量的视频，但在处理复杂场景、特定动态效果或特效时，可能需要用户具备一定的深度学习和视频编辑技术知识。

6. Genmo AI

Genmo AI 是一款将文本和图像转化为视频的 AI 艺术生成器，也是一个用于创建和分享交互式、沉浸式生成艺术品的平台，如图 3.14 所示。用户可以在 Genmo AI 上直接创建视频、动画、3D 物件等，也可以通过连续上传多张图片生成流畅的动画。只需要用户上传图片，Genmo AI 就会根据用户提供的图片，自动生成独一无二的提示词，创作出像电视广告一样的、不同风格的短片，而且该功能免费。

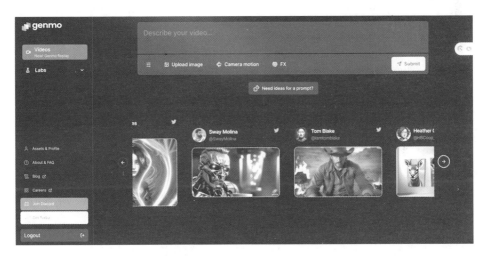

图 3.14　Genmo AI 操作界面

3.1.3　AI 3D 设计工具

AI 3D 设计工具利用深度学习和机器学习算法，以及大数据分析能力，能够生成和编辑三维模型，支持从简单的几何体到复杂的有机形状的建模，通过 AI 算法提高建模效率和精度。设计工具提供高质量的渲染功能，能够让设计好的三维模型呈现出逼真的光影效果，以便更生动地展示设计概念或产品。在此基础上，它们还支持动态物理模拟，如物体运动、碰撞、流体动力学等，帮助用户评估设计在现实场景中的行为和效果。

AI 3D 设计工具主要应用场景包括草模探索、产品建模、动画创建、复杂结构设计、VR 体验设计等。设计师和工程师可以利用 AI 3D 设计工具快速创建草图和初步设计，探索多个设计方案和概念，因此，此类工具常用于工业设计中的产品建模，包括从概念设计到详细建模的全过程，帮助制造企业加快产品开发速度。当产品中需要复杂几何形状和结构的设计时，AI 3D 设计工具可以提供高效的建模和分析能力。

常见的 AI 3D 设计工具有以下几种。

1. TripoSR

TripoSR 是 Stability AI 公司旗下的一款快速 3D 建模工具，能够依据单张图片在不到 1 秒的时间内生成高质量的 3D 模型。这种处理速度使其在需要快速草图或初步设计的场景中非常实用。TripoSR 可以在低推理预算下运行（甚至不需要 GPU），这使得它对广泛的用户和应用来说既易于获取又实用。

另外，TripoSR 允许用户进行商业化、个人和研究用途的使用和修改，这种开放性质使得用户可以根据自己的需求进行定制和扩展。TripoSR 免费向大众提供并且易于获取，使得广泛的用户能够轻松使用这一技术进行快速的 3D 建模和重建。

TripoSR 的主要功能是图生 3D 模型和文生 3D 模型，如图 3.15 所示，图中一侧为图片，另一侧为对应 3D 模型。在产品开发的早期，TripoSR 主要应用于快速草图和概念验证阶段，可以帮助工程师和设计师快速验证想法和设计，加速整体开发周期。尽管精细度可能不高，但它能帮助设计师快速生成多样化的设计方案并验证设计概念，特别是在需要快速迭代和多个设计方案的情况下，提供了高效的工具支持。

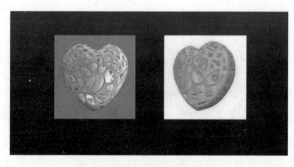

图 3.15　TripoSR 演示示例

2. Wonder3D

Wonder3D 是一款 3D 物体重建工具，主要功能是图生 3D 模型。它以快速著称，能够在三分钟内将单张照片转换为高质量的 3D 纹理网格。这种速度远超传统的 3D 建模软件，适合需要快速结果的应用场景，例如，在产品设计和工程领域，设计师可以使用 Wonder3D 快速生成初步的 3D 原型，用于概念验证和设计评估。

尽管分辨率可能较低，Wonder3D 仍能生成高质量的网格模型，适合小物体的建模需求，这使得它在处理小尺寸物体或细节较少的场景中表现尤为出色，如珠宝、小型装饰品、零件等，如图 3.16 所示。

相比其他同类工具，Wonder3D 的速度优势显著，大大缩短了从照片到 3D 模型的转换时间，提高了工作效率。因为 Wonder3D 避免了复杂的得分蒸馏采样（Score Distillation Sampling，SDS）优化过程，用户可以更快速地获取到所需的 3D 模型；但对于需要极高精度的项目，用户可能需要考虑其他更适合的解决方案。

图 3.16　Wonder3D 演示示例

3. Masterpiece Studio

Masterpiece Studio 是一款革新性的 3D 建模工具，它采用人工智能驱动的文本转 3D 技术，利用先进的自然语言处理（NLP）技术，能够将用户的描述性语言直接转换为功能齐全的 3D 模型和动画。这种直接从语言到视觉的转换大大简化了传统 3D 建模过程，使得用户只需几行代码，无需深入的技术背景即可进行复杂的 3D 设计和动画制作。在游戏设计和开发领域，Masterpiece Studio 可用于制作游戏中的角色、场景和动画，进行快速迭代和原型验证。

  Masterpiece Studio 程序设计上采用了目前可用的最简单 UI，这使得它适配各种技能水平的用户，从新手到专业人士都能轻松上手和使用。

  使用 Masterpiece Studio 创作动画只需要简单几步：输入指令生成角色和动画（图 3.17）；个性化创作角色，如上色、变形等（图 3.18），并为角色添加骨骼及动画关键帧（图 3.19），即可完成。

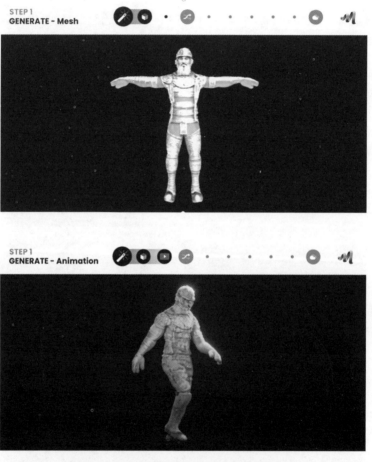

图 3.17　Masterpiece Studio 角色与动画创建

图 3. 18　Masterpiece Studio 角色编辑

图 3. 19　Masterpiece Studio 骨骼编辑

结合人工智能技术，Masterpiece Studio 不仅能够生成静态的 3D 模型，还能创建复杂的动画和人物骨骼动画，大大提高了创作的多样性和表现力。相比传统的手工建模和动画制作方式，Masterpiece Studio 能够极大地节省时间，快速产出高质量的动画视觉内容。

针对高级视觉艺术和游戏设计，Masterpiece Studio 的功能和灵活性使其非常适合在虚拟现实（VR）环境中进行视觉艺术创作和展示，为用户提供更直观、沉浸式的体验。

虽然 Masterpiece Studio 能够自动将文本转化为 3D 模型，但其结果的质量和准确性可能受到输入文本质量的限制，这就需要用户在描述语言上的清晰度和详细度上进行适当的控制和调整。

4. Meshcapade

Meshcapade 是一款领先的 AI 文本转 3D 生成器,专注于高质量的 3D 人体模型和数字化身的创建,如图 3.20 所示。它提供了一个与所有游戏引擎和图形应用程序兼容的统一平台,这意味着用户可以轻松地将生成的 3D 模型集成到其他应用中,无论是游戏开发还是虚拟现实项目。

图 3.20　Meshcapade 演示示例

Meshcapade 利用先进的人工智能技术,用户只需提供简单的文本描述,就能生成精细度较高的 3D 模型。这使得它适用于游戏开发、虚拟现实、数字人物设计等多个领域,实现快速迭代和个性化定制,为企业和个人创作者提供了丰富的创作可能性和实现方式。

Meshcapade 的应用场景特别针对人体模型和服装设计,能够创建高度精细的服装模型和时尚配件,从而满足专业设计师和开发者的需求。

综上所述,Meshcapade 通过其先进的 AI 技术和兼容性强的平台,为用户提供了一个高效、精确且易于操作的文本转 3D 解决方案。它的特点和优势使其在多个领域中都具有广泛的应用前景和实际价值。

5. Luma AI

Luma AI 是一款领先的文本转 3D 生成工具,代表了当前 3D 图片制作的最新技术水平。Luma AI 可以根据简单的文本生成高度逼真的 3D 模型，这使得用户无需具备复杂的 3D 建模或图形编程背景，便能创造出复杂的虚拟物体和场景。

Luma AI 的新 Imagine 功能具有开创性，它允许用户创建他们想象中的任何概念的 3D 模型。用户无论创作能力或技术水平如何，都能通过这一功能实现其创意想法的具象化。

Luma AI 不仅能生成静态图像，还可以将实时视频流渲染到逼真的 3D 环境中，如图 3.21 所示。这项功能利用强大的 AI 数据处理能力确定视频中的对象，并以 3D 形式呈现，为用户提供沉浸式的观赏体验。

Luma AI 的主要优势在于其用户友好的界面和简化的操作流程。其生成的高质量的 3D 模型能适用于多种应用场景，包括虚拟现实、影视特效、游戏开发等领域。

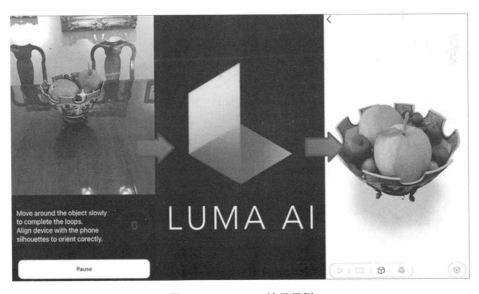

图 3.21　Luma AI 演示示例

6. 3DFY AI

3DFY AI 是一款利用先进的生成式人工智能技术，通过文本描述或图片快速生成高质量 3D 模型的工具，如图 3.22 所示。3DFY AI 的设计目标之一是凭借自动化减少对人力资源的依赖。用户可以以极快的速度生成大量的 3D 资产，而无需专业的 3D 建模或设计技能，使得使用门槛大幅降低。

除了从文本生成，3DFY AI 还提供对数字项目的精选 3D 数据库的访问。这些数据库可以帮助用户快速获取并集成现有的高质量 3D 资源，节省时间和开发成本。

制造商可以利用 3DFY AI 快速生成产品的 3D 模型来进行设计验证和市场测试，加快产品上市速度。营销团队可以利用 3DFY AI 创建生动的广告场景和产品演示，提升用户体验和吸引力。游戏开发者也可以利用快速生成的 3D 模型构建游戏世界和角色，增强游戏的视觉效果和互动性。总体来说，3DFY AI 作为一种强大的转 3D 工具，为用户提供了一个高效、成本效益高的解决方案，使广泛的应用场景变得更加可行和有新意。

图 3.22　3DFY AI 演示示例

7. Ponzu

Ponzu 是一款由人工智能驱动的纹理生成器，只需用户在首页输入提示词并选择或设定一个风格，它就可以根据用户提供的文本快速生成至少三种风格的纹理贴图，使得用户无需深层次的专业知识和复杂的操作，即可轻松获取各种风格的视觉元素，而且工具本身是免费提供的，降低了使用门槛。用户还可以通过调节生成的纹理贴图的参数，使其更符合个人或项目的设计需求，极大地提升了设计师和艺术家的创作效率。

Ponzu 还提供了环境光和定向光的调节功能，让用户能够预览纹理在不同光照条件下的效果。这有助于直观地评估纹理在实际应用中的表现。

尽管 Ponzu 可以定制参数，但用户选择的纹理风格仍然受到 Ponzu 预设的限制，可能无法完全满足某些高度定制化需求。

图 3.23 是使用实例。在首页输入英文提示词，然后选定一个风格，就可以得到 AI 生成的纹理图，生成的纹理会在一个 3D 立方体模型上展示贴图效果，可以调节环境光（ambient light）和定向光（directional light），预览不同的效果。

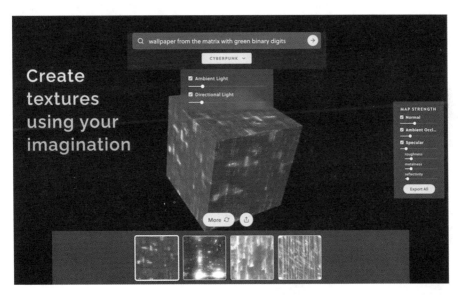

图 3.23　Ponzu 演示示例

8. NeROIC

NeROIC 是一款以人工智能驱动的工具，专注于从图像和视频中创建高质量的 3D 模型和环境。NeROIC 能够从用户提供的图片中生成精确的 3D 模型，这些模型能够有效地表达图片中所包含的内容和场景。除了图像之外，NeROIC 还能将视频转换为完整的 3D 环境。这意味着用户可以从视频中提取场景和元素，创建出逼真的三维场景，用于各种应用领域，如图 3.24 所示。

NeROIC 具备建立完全交互式的三维环境的能力，用户可以在生成的 3D 场景中进行交互，如改变视角、添加物体等。相对于传统的 3D 建模方法，使用 NeROIC 可以节省大量时间和精力，其智能化的特性使得创建复杂的 3D 模型和场景变得更为快捷和高效。游戏开发者可以利用 NeROIC 快速生成游戏中的角色和场景，加快开发周期，同时保持视觉质量和用户体验。制片人和视觉特效团队可以使用 NeROIC 从电影或视频中提取场景，并将其转换为高度逼真的 3D 环境，以支持电影制作中的场景建模和视觉效果。

虽然 NeROIC 能够提供高质量的 3D 生成，但有时候处理速度可能较慢，尤其是处理复杂或大量数据时。此外，对于某些复杂场景的精细调整可能需要额外的处理步骤和时间。

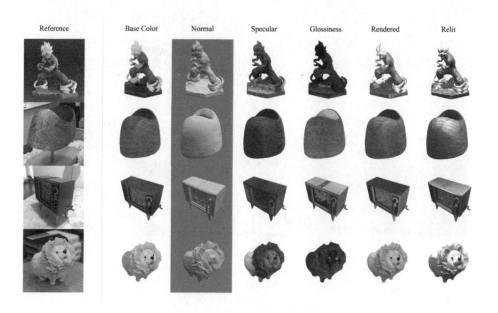

图 3.24　Neroic 演示示例

9. DPT Depth

DPT Depth 是一项利用深度卷积网络（DCNN）从图像中提取深度信息，

进而生成 3D 对象的点云的工具。DPT 深度估计是计算机科学中一个快速发展的领域，它可以使用基于深度学习的算法训练更精确的点云和代表真实世界场景的 3D 网格。

由于优异的推理能力，DPT Depth 能够实现实时的 3D 场景重建，这意味着在视频生产和虚拟现实等领域，用户可以快速地将动态视频内容转换为交互式的三维环境。DPT Depth 的优势使它广泛应用于视频游戏开发、电影特效制作、虚拟现实和增强现实应用，为这些领域提供了强大的工具支持，能够创造出富有沉浸感和视觉冲击力的体验，如图 3.25 所示。

虽然 DPT Depth 能够生成高质量的 3D 点云和网格，但在处理复杂场景或细节部分时，其精细度可能仍有限，需要进一步的技术发展和优化。

图 3.25　DPT Depth 演示示例

10. RODIN

RODIN 是一款由人工智能驱动的 2D 到 3D 生成器，专注于创造生动逼真的 3D 头像和人物模型，其革新性在于通过简化和加速复杂的数字化过程，使得普通用户也能轻松创建个性化的 3D 角色。

RODIN 根据用户提供的图像信息，如照片或插图，进行快速而精确的 3D 建模，这使得用户可以基于自己的外貌特征或想象创作出具有高度逼真感的数字人物。关键的优势之一是其能够提供完整的 360°视角，让用户可以从各个角度观察和互动，从而营造身临其境的体验，如图 3.26 所示。RODIN 的技术优势不局限于简单的模仿，它还能够捕捉和再现细微的面部表情和姿态变化，从而使得所创建的 3D 角色更具个性和生动感。这种能力对于游戏开发者、动画制作人员以及虚拟现实应用开发者来说尤为重要，能够节省大量时间和人力成本，同时提高创作效率和结果质量。

Pi-GAN [10]　　　GIRAFFE [42]　　　EG3D [9]

Figure 7. Qualitative comparison with state-of-the-art approaches.

图 3.26　RODIN 演示示例

11. 云墨 AI

云墨 AI 是一款国产软件，专注于图像生成 3D 技术，其所展现的特点和潜力令人期待。云墨 AI 设计小巧、方便，不仅占用资源少，而且安装和使用简单，让普通用户和专业人士轻松上手，从而快速实现 3D 模型的生成和应用。其主要功能在于通过先进的图像生成技术，能够从单张图像中推断出物体的三维形状和结构，将静态图像转化为具有立体感的 3D 模型。

与国外许多类似体验产品不同，云墨 AI 注重中国文化和中国元素。这不仅体现在其用户界面和使用上，还包括针对中国传统建筑、艺术品等领域的优化和应用程序的支持，使用户可以更方便地创建具有特色的 3D 模型，如图 3.27 所示。

图 3.27　云墨 AI 演示示例

3.1.4　AI 界面排版工具

　　AI 界面排版工具是为设计人员和设计师而开发的能够更高效创建和优化用户界面的工具，它们结合了人工智能技术的自动化能力和用户界面设计的核心原则，旨在提升设计效率以及最终用户的体验质量。

　　AI 界面排版工具能够根据设计师的设置和用户输入，自动调整界面元素的布局。无论是不同屏幕尺寸的装备，还是内容动态变化时的调整，工具都能有效地保持界面元素的整体美观性和功能性。同时，AI 界面排版工具可以根据色彩理论和用户喜好，提供优化的色彩搭配方案。这包括颜色的配色、方案的一致性等。通过用户集成体验测试功能，AI 界面排版工具还能够帮助设计师评估用户对界面的反应和使用体验。这种功能可以模拟用户交互，收集数据并分析，以优化界面布局和功能设计。除此之外，AI 界面排版工具能够根据用户需求和设计师的指导，生成各种类型的界面元素，从按钮和表单到复杂的交互组件，以提高设计效率和一致性。

　　对于应用程序开发人员来说，使用 AI 界面排版工具可以加快开发周期，减少设计和调试的迭代次数，同时保证最终产品在外观和功能上达到高水平的标准，这为开发人员和设计师提供了强有力的支持。

常见的 AI 界面排版工具有以下几种。

1. Adobe Sensei

Adobe Sensei 是应用于 Adobe 旗下各款产品的底层人工智能工具，可以应用在 PS、PR、AI 等软件中，能够帮助人们解决在媒体素材创意过程中面临的一系列问题。

Adobe Sensei 可以在庞大的互联网图库中帮助用户快速找到所需的图片和素材。通过图像识别和语义分析，它能够理解照片、视频片段以及文本描述的意义，从而提供更精准的信息搜索结果和推荐。对于那些固定、重复性高的操作，Adobe Sensei 能够自动化处理，简化用户的工作流程。例如，在设计过程中，它可以快速形成界面设计原型，重新排版和自动填充 UX 设计元素，极大地提升了生产效率和设计的一致性，如图 3.28 所示。在排版和编辑文档时，Adobe Sensei 能够识别并自动修正排版中的错误，确保最终输出的质量和专业性。

图 3.28　Adobe Sensei 演示示例

对于需要快速交付设计和保持高品质输出的团队，Adobe Sensei 能够显著提升他们的生产效率和工作效率，减少重复劳动和人为错误。但是，使用 Adobe Sensei 的高级功能可能需要相应的软件许可费用，并且对硬件配置有一定的要求，这可能限制了小型团队或个人用户的使用。

2. VisualEyes

VisualEyes 是一款创新的预测性设计评估工具，专注于帮助设计师快速、准确地打造符合用户需求的界面。它采用先进的人工智能技术，包括自动设计、自动布局、自动调整和自动优化功能，从而优化界面设计的流程。

VisualEyes 通过 AI 模型实现自动设计，能够根据用户需求和设计基准生成界面布局，并且能够模拟浏览者的行为，分析设计界面上的各个要素。它预测用户可能关注的部分，以及关键引导信息行为的趋势，为设计师提供改进界面传达的相关意见，如图 3.29 所示。VisualEyes 不仅帮助设计师进行界面初步设计，还能在后续体验阶段根据用户反馈进行调整和优化。这种循环设计过程有效地确保最终设计符合用户期望和行为模式。

图 3.29　VisualEyes 插件生成的 Sketch App 页面视觉热力图

3.1.5 AI 语言处理工具

AI 语言处理工具是基于人工智能技术开发的软件工具，主要用于处理和分析文本数据，以及生成和翻译文本内容。这些工具结合了自然语言处理（NLP）、机器学习和深度学习技术，能够在多个应用领域中提供有效的解决方案。

AI 语言处理工具能够进行文本的语法分析、情感分析、主题识别等；也可以根据输入的信息自动生成文本内容，例如自动化的产品描述文案、市场营销文案或新闻稿件，生成的文本可以根据预设的模板和语言风格，满足不同场景的需求；还能够进行文本的语言翻译，支持多种语言之间的相互转换。

通过 AI 语言处理工具，企业可以快速生成产品描述文案和市场营销文案，包括功能介绍、技术规格和市场定位等，节省了人工撰写文案的时间成本。AI 语言处理工具也可以帮助分析大量的市场数据和消费者反馈，提取市场的影响和趋势。其文本分析功能可以处理客户反馈和评论，识别关键问题和趋势，帮助企业快速响应并改进产品和服务。

常见的 AI 语言处理工具有以下几种。

1. ChatGPT

ChatGPT 是基于 OpenAI 的 GPT 模型系列开发的聊天机器人，具有强大的自然语言处理能力和理解上下文的能力，如图 3.30 所示。它可以进行对话式交互，即根据对话上下文生成连贯的回复、生成自然流畅的语言、回答广泛的问题和处理复杂的语义和语法结构。

ChatGPT 可以用于客户服务、教育辅助、智能助理等多个领域，满足不同用户的需求。但当 ChatGPT 在处理需要特定领域知识或专业术语的问题时，可能会出现理解不足或错误的情况。

2. 文心一言

文心一言是一款中文文本生成工具，如图 3.31 所示，专注于生成富有文采和情感的段落，注重文学风格和情感表达，适用于文学创作和情感表达领

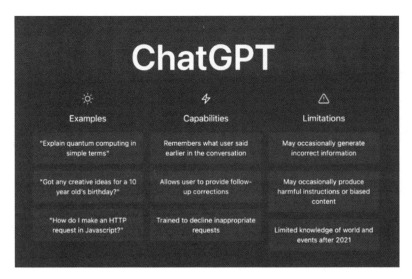

图 3.30　ChatGPT

域。其能够生成具有文学特色的文本，如诗歌、散文等，满足文学创作者和情感表达者的需求，并且可以熟练表达情感，使得生成的内容具有感染力，引发情感共鸣。

由于其特性，文心一言适合文学作品的创作、广告文案的撰写等需要文采和情感表达的场景。但在追求文学风格和情感表达的同时，其可能牺牲了信息的准确性和专业性。

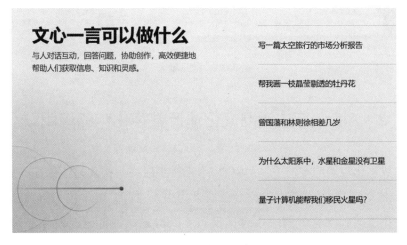

图 3.31　文心一言

3. ChatGLM

ChatGLM 是基于 GPT 模型的、支持中英双语的聊天机器人，专注于提供智能对话服务和文本生成。其拥有 GPT 模型的强语言理解能力，能够准确理解和响应复杂的语言输入，可以用于客户服务、教育辅助、智能助理等多个领域，支持多种业务需求。

4. 讯飞星火

讯飞星火是一款中文智能对话系统，结合了语音识别、自然语言理解和对话生成技术，其支持语音输入和输出，使得用户可以通过语音和文字两种方式与系统进行交互。而且不局限于文本对话，其还可以支持图像识别和处理等多种形式，可以作用于语音助手、智能客服、智能家居控制等多个领域，如图 3.32 所示。

图 3.32　讯飞星火

3.2　AIGC 在大运河文化遗产数字化中的应用

在数字化浪潮的推动下，AIGC 技术正逐步应用到文化遗产保护的各个领域，其中大运河文化遗产的数字化进程尤为引人注目。在探讨 AIGC 技术在大运河文化遗产数字化中的应用时，我们可以构建一种普适性的方法论框架，旨在指导如何利用 AI 的力量深化文化遗产的数字化保护与传承。

　　AIGC 技术以其强大的数据处理与分析能力，为文化遗产的数字化注入了新的活力。在大运河这一特定案例中，AI 不仅能够高效地收集、整理和分析海量的文化遗产数据，如历史文献、图像资料、音视频记录等，还能通过机器学习算法自动生成与大运河相关的丰富内容。这一过程不仅提高了文化遗产数字化工作的效率，还极大地丰富了展示形式，使得大运河的文化内涵得以更加全面、生动地呈现给公众。AIGC 技术的应用还可以极大提高文化遗产数字化的效率和准确性。传统的人工整理方式往往需要耗费大量的人力、物力和时间，且难以避免人为因素的干扰。而 AIGC 则能够自动完成烦琐的数据处理和内容生成工作，降低了人力成本，提高了工作效率。同时，AI 算法具有高度的客观性和准确性，因此生成的内容也更加可靠、可信。

　　AIGC 在大运河文化遗产数字化中的应用可以概括为以下几个关键步骤：

　　第一，明确数字化目标，即确定希望通过 AIGC 技术实现哪些具体的文化遗产保护与传承目标，这些目标可能包括：提升文化遗产的公众认知度，增强历史场景的再现能力，促进学术研究与教育资源的共享以及实现文化遗产的长期保存与传承等。明确的目标设定有助于后续工作的方向聚焦与资源优化配置。

　　第二，收集并整理相关数据源，确保数据的全面性、准确性和可访问性，这包括但不限于历史文献的数字化扫描、图像资料的高清拍摄与整理、音视频记录的数字化转换与分类存储等。同时，还需关注数据的全面性，确保不同时间、空间维度的文化遗产信息都能被纳入考量范围。此外，数据的准确性和可访问性也是至关重要的，它们直接影响到后续内容生成的质量与效率。

　　第三，利用 AI 技术进行内容生成，包括但不限于自动分类、标注、摘要、生成解说词、绘制历史场景复原图等。接着，对生成的内容进行质量评估与优化，确保其符合文化遗产保护的标准与要求。最终，我们能够通过数字平台或虚拟现实技术，将 AIGC 生成的内容以多种形式呈现给公众，实现文化遗产的数字化展示与传播，推动文化遗产保护与传承事业的深入发展。

　　AIGC 的数字活化不仅适用于大运河文化遗产的数字化，还具备广泛的普适性，可推广至其他文化遗产的数字化项目中。AIGC 技术的应用，不仅降低了文化遗产数字化的门槛，提高了工作效率，还通过智能生成的高质量内容，增强了文化遗产的吸引力与感染力，有助于吸引更多公众关注并参与到文化遗产的保护与传承中来。AIGC技术为大运河文化遗产的数字化提供了强有力的支持，其应用方法论不仅具有实践指导意义，还展现了AI在文化遗产保护领域的巨大潜力。随着技术的不断进步，我们有理由相信，AIGC将在未来文化遗产的数字化进程中发挥更加重要的作用。

3.3 基于AIGC的文化遗产数字活化案例赏析

1. 盛开之花

图3.33名为《盛开之花》，是使用AI的作图工具，通过"绽放""盛开""中国传统花样""科技梦幻风格""真实"等关键词，结合AI作图参数的调整，最终制作出来的四幅极具现代科技风格的传统花朵造型的图像。

图3.33 盛开之花

这张由AI精心创作的插画，不仅展现了现代数字艺术的无限可能，更巧妙地将中国传统文化的精髓与现代化的审美趋势相融合，编织出一幅梦幻而和谐的视觉盛宴。从色彩上来看，图片中的花朵采用了嫩蓝色与嫩粉色的渐变色，这两种柔和的色彩在中国传统文化中都有着深厚的象征意义。蓝色常被视作宁静、深远的象征，代表着浩瀚的天空与无垠的海洋，寓意着宽广的胸怀与深邃的思考；而粉色则往往与柔美、温馨相关联，象征着春天的新生与爱情的甜蜜。AI 通过这两种色彩的巧妙融合，不仅营造了一种温柔而又梦幻的氛围，也暗含了传统与现代、自然与人文之间的和谐共生。从花朵的形态上看，这些花朵带有明显的中国传统美学元素。在中国文化中，花卉，特别是莲花、梅花、菊花和兰花等，象征着高尚的品格和人文精神。图片中的花朵形态优雅、层次分明、线条流畅，展露出一种古典的韵味，仿佛是从古代绘画中走出的艺术品。每一朵花都被赋予了透明的质感，仿佛是由清晨的露珠凝结而成，晶莹剔透，闪烁着微光。这种透明感不仅展现了现代设计对于轻盈、通透的追求，也与中国传统绘画中"留白"的艺术手法相呼应，体现了"大象无形，大音希声"的哲学思想。同时，花瓣边缘的光泽处理，以及花朵中心若隐若现的闪光效果，更是将现代科技的光影效果融入其中，使得整个画面既具有传统美学的韵味，又不失现代科技的动感与活力。综上所述，这张由 AI 生成的插画，在色彩、形态、背景等多个方面都将中国传统文化与现代化元素巧妙地结合在一起。它不仅仅是一幅艺术图像，更是一次跨越时空的文化对话与碰撞。通过这种创新的艺术形式，我们不仅能够感受到中国传统文化的独特魅力与深远影响，也能够看到现代科技与文化创新为传统文化注入的新活力与新可能。

2. 河运

图 3.34 名为《河运》，是使用 AI 的作图工具，通过"河运景象""城市""东方风格""版画风格"等关键词，结合 AI 作图参数的调整，选用插画风格大模型，最终制作出来的一幅融合现代城市与传统图样的风格图像。

这张图片展示了一种独特的都市风景，融合了中国传统运河文化元素与现代化的城市景观，巧妙地将东西方文化结合在一起。这幅画采用了平面化和高度装饰化的表现手法，色彩鲜艳，风格具有现代插画的特点，同时又融入了中国传统艺术中的细腻与优雅。图片的建筑风格和构图形式带有强烈的

图 3.34　河运

西方都市风貌。画面中的河道描绘像是中国的京杭大运河的繁华景象,具有
典型的中国运河文化样貌。而两岸的建筑又像是威尼斯水城,这种建筑风格
代表了西方的历史文化遗产,但通过画面中的色彩运用和图案装饰,又增添
了中国艺术特有的审美情趣。例如,图片中的色彩运用与中国传统艺术有着
密切的联系。图片以红色和蓝绿色为主色调,这种色彩搭配常见于中国的传
统工艺品和绘画中,尤其是在中国民间的剪纸艺术和年画中。红色象征着喜
庆与热情,蓝绿色则给人一种清新宁静的感觉。色彩的饱和度较高,视觉效
果鲜明,使得整个画面既有浓郁的传统气息,又不失现代艺术的活力。图片
中还融入了中国传统的花卉图案装饰,尤其是在画面上方的一些区域,可以
看到明显的花纹,这些图案与中国的刺绣、瓷器装饰等传统工艺品元素有异
曲同工之妙。这些细节不仅增强了画面的装饰性,还增加了文化的厚重感,
让观者感受到中国传统艺术在现代画作中的再现与创新。此外,画面中的小
舟与中国古代的龙舟形态相似,船头上有装饰性的龙头,这种设计在中国文
化中象征着力量与吉祥。这些船只虽然置身于西方风格的城市水道中,却带

有浓烈的中国传统元素，象征着东西方文化在现代背景下的相遇与融合。这种将中国运河元素与现代城市景观相结合的创作方式，展现了如何通过视觉艺术表达多元文化的融合。图片中的传统元素被重新诠释，以一种全新的方式融入现代都市的场景中，既保留了传统的美学内涵，又创造了符合现代审美的艺术作品。

这幅作品不只是简单的东西方文化符号的叠加，而且是艺术形式的融合，探索文化之间的对话与共鸣。画中的传统图案与现代建筑相互交织，形成了一种新的视觉体验。这种传统与现代的结合，不仅反映了艺术创作中的创新精神，也展现了文化融合在全球化背景下的重要性。因此，这张图片通过将中国传统文化中的元素与现代化的都市风景相结合，成功地展现了一种跨文化的艺术表达形式。这种方式保留了中国文化的精髓，同时也融入了现代世界的视觉语言，创造出了具有独特魅力的艺术作品。画面中，传统与现代共存且相互辉映，形成了一种和谐美丽的艺术景观。

3. 演奏

图 3.35 名为《演奏》，是使用 AI 制作而成的，是对艺术风格的新尝试新探索。通过"演奏""古典少女""现代风格""赛博朋克插画风格"等关键词，结合 AI 作图参数的调整，选用插画风格大模型，最终制作出这样一幅古典造型与新事物新形式碰撞的图像。

在这张由 AI 精心绘制的图像中，我们仿佛穿越到了一个古老和未来的时空交汇点，见证了传统中国文化与现代科技美学的完美融合。画面中央，两位身着传统服饰的女性角色优雅而立，她们的服饰精致细腻，每一针每一线都透露出对古代精湛工艺的传承与尊重。金色的头饰在阳光下熠熠生辉，与耳边的金色耳环交相辉映，不仅彰显了女性的高贵与典雅，也仿佛是对古老文明辉煌时刻的致敬。然而，这并非一幅纯粹的传统画卷。女子的双眼透过一副充满未来感的虚拟现实眼镜，与这个世界进行着前所未有的互动。这副眼镜，以独特的黑色为基底，镶嵌着金色的装饰，既是对现代科技力量的隐喻，也是对古典美学元素的巧妙融入。它打破了时间与空间的界限，让传统与现代在女子的目光交汇中找到了共鸣。虚拟现实眼镜的出现，无疑是对现

图 3.35　演奏

代化进程的一种象征性表达。它们与女子身着的传统服饰、吹奏的古老乐器形成了鲜明而又微妙的对比，让人不禁思考：在传统与现代的碰撞与融合中，我们究竟能够创造出怎样独特的文化景观？女子手中的笛子，作为中国传统乐器的代表，此刻正悠扬地吹奏出古老的旋律。这旋律穿越时空的长廊，与背景中那片辽阔无垠的蓝天和白云相互交织，构成了一幅和谐而宁静的画面。但就在这份宁静之中，又隐约可见一些不明飞行物穿梭其间，为整个场景增添了一抹神秘与梦幻的色彩。这张图片通过两位身着传统服饰、手持古老乐器的女子，以及她们眼前那充满未来感的虚拟现实眼镜和背景中的飞行物等元素，巧妙地构建了传统与现代和谐共生的美好愿景。它让我们看到，无论是古老的东方文化还是现代的科技文明，都有着各自独特的魅力与价值，而当它们相互融合、相互借鉴时，便能绽放出更加璀璨夺目的光芒。

4. 红黄蓝

图 3.36 名为《红黄蓝》，是使用 AI 作图工具，通过"蒙德里安""水墨画""插画风格""风景画"等关键词，结合 AI 作图参数的调整，选用插画风

格大模型，最终制作出来的一幅对经典画作的再创新、再设计的图像。

图 3.36　红黄蓝

　　观看这张画作，我们仿佛踏入了一个跨越时空的梦幻之境，见证了传统中国水墨画精髓与西方经典风格派画的深刻交融。画面中央，一个晶莹剔透的玻璃盒子赫然在目，其中陈列的，是象征自然的生命之树。它傲然挺立，枝叶繁茂，花朵绚烂如火；而树上，结的是自然界一切色彩的基础：红黄蓝三原色。如此，便巧妙地将自然界的生命力与人类的创造智慧紧密相连。这棵树，既是对"生命之树"古老意象的现代诠释，也象征着对祖国繁荣昌盛和人民生活多姿多彩的美好祝福。红色花朵的热烈与鲜艳，更是中国传统色彩美学的体现，寓意着吉祥、热情与希望。而盒子下方的灰色土地与多彩石子，则构成了一幅丰富的地面景观。灰色土地象征着沉稳与厚重，代表着中国传统文化的深厚底蕴；多彩石子则如同点点繁星，点缀其间，为画面增添了几分活泼与灵动，也寓意着现代社会的多元与包容。这些石子，或许还可以被看作传统与现代元素之间的桥梁，连接着过去与未来，让两者在对比中更显和谐。在盒子的左侧，一根黑色的树枝悄然伸入画面，它虽显突兀却又不失和谐，仿佛是自然界中一股不羁的力量，在现代化的框架下寻求着自由与生长。树枝上挂着的小红花，更是点睛之笔，它们与盒子内的红花遥相呼应，共同编织着一个关于生命、希望与传承的故事。这黑色的树枝与小红花，既是对中国传统水墨画元素的借鉴与运用，也是对现代极简主义风格的探索与尝试。背景中的模糊建筑轮廓，则为整个画面增添了一层朦胧而深远的意境。这些建筑虽未清晰呈现，却足以让人联想到现代都市的繁华与喧嚣。它们与前景中的玻璃盒子、红花绿树形成了鲜明的对比，既展现了传统与现代的强烈反差，又巧妙地融合了两者之间的共通之处——对于美好生活的追求与向往。总而言之，这张图片通过玻璃盒子、红花绿树、灰色土地、多彩石子以及黑色树枝等元素的巧妙组合与布局，成功地构建了一个既传统又现代、既静谧又神秘的视觉空间。它让我们在欣赏美的同时，也深刻感受到了传统文化与现代文明之间的紧密联系与相互影响。在这个充满变化的时代里，这张图片无疑为我们提供了一种新的视角和思考角度——如何在传承与创新之间找到平衡与和谐。

5. 未来天坛

图 3.37 名为《未来天坛》，是由 AI 精心绘制的未来主义风格的插画，在这张图中，我们见证了现代科技与设计美学的辉煌成就，看到了人类对未来世界的美好设想。画面中的建筑群，以透明与蓝色玻璃为基调，展现了现代建筑对光线与空间的极致追求，同时，建筑造型像一棵苗壮生长的大树，寓意着人与自然界的无界交流。建筑群中心的巨大圆形结构，宛如天坛的缩影，既是与古老祭祀文化的遥相呼应，也是对未来科技殿堂的展望。错落有致、层次分明的超现实建筑，既保留了传统建筑的韵律美，又融入了现代设计的简洁与高效。在建筑上的人们以及他们的活动——行走、交谈、使用电子设备，无疑是现代化生活的真实写照。然而，这份现代感并未削弱画面中的文化韵味，反而因为人物的存在，文化与现代科技之间的界限变得模糊而富有深意。他们不仅是现代化的体验者，更是中国文化与现代文明交融的见证者。

最令人瞩目的是外围包围着整个场景的巨大球体。它既是地球的象征，也是人类共同命运的隐喻。它的存在，让人们在仰望未来的同时，也能回望过去，思考如何在传统与现代的交织中找到属于自己的位置。整体色调的冷色调处理，不仅营造了一种高科技与宁静并存的氛围，也暗示了传统文化在现代社会中的冷静与深邃。其告诉我们，无论时代如何变迁，传统文化的精髓与价值始终如一，值得我们去传承与发扬。通过这张图片，我们能看到未来主义风格的建筑群、结合天坛造型的设计、人物活动的现代感的象征意义等多个方面。其巧妙地将中国传统文化与现代化理念相结合，让我们在欣赏现代科技与设计之美的同时，也能深刻感受到传统文化的深厚底蕴与独特魅力。

图 3.37　未来天坛

6. 城市花园

欣赏这张名为《城市花园》的图像（图 3.38），我们仿佛穿越到了一个时空交织的梦幻之地，目睹了传统文化与现代文明的和谐共生。画面缓缓展开，首先映入眼帘的是一条宽敞而笔直的道路，道路两旁，茂密的树木郁郁葱葱，为这座未来城市增添了几分生机与自然的气息。随着视线的延伸，道路尽头浮现出一座具有鲜明传统风格的宝塔。这座宝塔以其独特的造型，成为整个画面的视觉焦点。它不仅是对中国传统建筑艺术的精湛展现，更是对古老文化传统的致敬与传承。宝塔的屹立，仿佛在向世人宣告：无论时代如何变迁，传统文化的精髓与价值都将永恒不朽。然而，当我们的目光转向画面背景时，一座座现代高楼大厦赫然在目，它们与宝塔形成了强烈的视觉对比。这些高楼以挺拔的身姿、简洁的线条和先进的建筑材料，展现了现代科技的力量与美学的追求。它们不仅是未来城市现代化的象征，也是人类智慧与创造力的结晶。高楼大厦与宝塔的并置，巧妙地构建了一个传统与现代相互辉映、相互成就的画面。天空中，蓝色与橙色的渐变营造出一种温馨而宁静的氛围，云朵洁白无瑕、形状各异，为整个场景增添了几分梦幻与遐想。这样的天空背景，既是对自然之美的颂扬，也是对人们心中美好愿景的寄托。这幅画通过对未来城市、传统宝塔、现代高楼大厦以及天空背景等元素的巧妙组合与布局，成功地展现了中国传统文化与现代化之间的紧密联系与和谐共生。它让我们在欣赏美的同时，也深刻感受到了传统与现代之间的相互影响与促进。这种融合不仅是对历史的尊重与传承，更是对未来发展的期待与展望。

图 3.38　城市花园

第 4 章　Unity 和 Kinect 在大运河文化遗产活化中的应用

4.1　Unity 和 Kinect 的简介与使用

Unity 是一款跨平台的游戏开发引擎，由 Unity Technologies 公司开发并维护，最初于 2005 年推出，现在已经成为游戏开发者、美术师和设计师们广泛使用的工具之一。

Kinect 是由微软开发的一款基于摄像头和深度传感器的人体动作捕捉设备。它主要用于游戏、娱乐和应用程序开发。它让玩家不需要手持或踩踏控制器，而是使用语音指令或手势来操作 Xbox 360 和 Xbox One 的系统界面。它也能捕捉玩家全身上下的动作，用身体来进行游戏，带给玩家"免控制器的游戏与娱乐体验"。

Unity 与 Kinect 的结合，为大运河活化带来了新的形式与前所未有的体验，这种结合不仅让交互方式变得更加自然和直观，还极大地拓宽了应用的可能性。通过 Kinect 设备，用户可以以自己的身体动作作为指令，与 Unity 构建的数字世界进行实时互动，这种体验远远超越了传统的键盘、鼠标或游戏手柄所能提供的。无论是在游戏开发中创造更加沉浸和丰富的游戏体验，还是在教育领域通过体感交互提升学生的学习兴趣和参与度，Unity 与 Kinect 的结合都展现出了其独特的魅力和价值。

4.1.1　Unity 的简介与使用

Unity 常用于开发 2D 和 3D 游戏，支持多种个人电脑、移动设备、游戏主机、网页平台、增强现实和虚拟现实设备，其中在 iOS 和 Android 的游戏开发，以及独立游戏开发中广受欢迎。除了在游戏产业外，Unity 也应用于电脑动画、电影产业、汽车产业、建筑业、工程等多个领域。

1. Unity 的简介

Unity 让用户能够创建 2D 和 3D 游戏并体验，在游戏开发中具有重要的地位和广泛的影响力。首先，Unity 主要使用 C#作为主要的脚本语言，这些脚本语言可以用于编写游戏逻辑、控制游戏对象的行为，如图 4.1 所示。同时，它为用户提供了一个直观而强大的可视化编辑器，使开发者能够在不编写大量代码的情况下创建游戏内容，通过拖放和组合游戏对象、材质、动画等方式快速迭代和调整游戏的外观和行为，如图 4.2 所示。

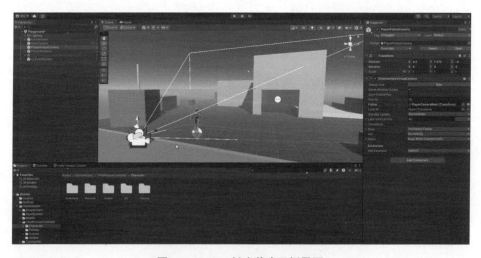

图 4.1　Unity 创建游戏示例界面

其次，Unity 内置了许多强大的工具和资源，包括图形渲染引擎、物理引擎、动画编辑器等，这使得 Unity 支持高质量的 3D 和 2D 图形渲染，包括实时灯光、光照、粒子系统等，为游戏提供了丰富的视觉效果。此外，其物理引

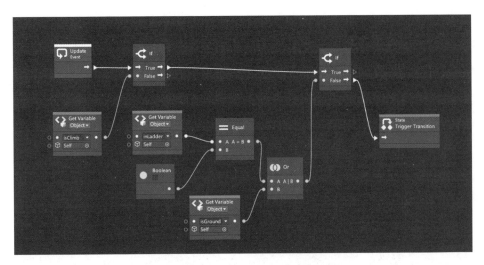

图 4.2　Unity UIToolkit 可视化编辑器

擎可以模拟现实世界的物理行为，如碰撞检测、重力等，从而带来了更具真
实性和互动性的游戏体验。这些工具和资源不仅能使开发者创建并优化游戏
内容的视觉效果和交互性，而且能大大提升游戏的质量和沉浸感，如图 4.3
所示。

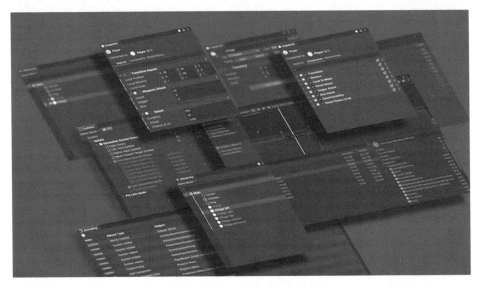

图 4.3　Unity Physics Package

最后，Unity 还拥有庞大的生态系统和资源商店，开发者可以通过 Unity Asset Store 获取各种资源，用于增强和扩展 Unity 引擎的功能，如图 4.4 所示。这些插件涵盖了各个方面，包括图形效果、物理模拟、人工智能、网络功能等，这些资源和插件加速了开发游戏的进程并且丰富了游戏内容。Unity 的开发者社区为创作者们提供了一个在社区中互相学习、分享经验和解决问题的机会，其中可以看到许多知名的游戏案例，如《炉石传说》《跳跳球》《十字军之王》等。Unity 的强大功能使其成为游戏开发者首选的工具之一，不仅适用于独立开发者和小型团队，也被大型游戏开发工作室广泛采用。

图 4.4　Unity Asset Store Tools

2. Unity 的使用

Unity 作为一款游戏开发引擎，它的使用方式因界面设计的清晰简明而变得简单，其界面分为场景视图（Scene View）、游戏视图（Game View）、层级视图（Hierarchy View）、项目视图（Project View）、检视视图（Inspector View）等。在 Unity 中，游戏对象（Game Object）是构成场景的基本元素，对游戏对象添加组件，可以控制对象的行为和外观。场景编辑包括放置对象、设置参数和添加提示效果，从而为游戏创建一个虚拟环境。Unity 支持使用 C#

编写的游戏逻辑，并提供调试工具，可以为游戏对象添加所需的行为和功能。最后，经过调试和测试，游戏即开发完成。

4.1.2　Kinect 的简介与使用

Xbox 360 的 Kinect 是其最早的版本，它是由微软开发的软件和硬件的组合。后来在 2012 年和 2013 年发布了 Kinect for Windows 和 Xbox One 版 Kinect，Kinect 2 for Windows 于 2014 年与该平台的 Windows SDK 2.0 版同时发布。在 2019 年，微软宣布推出新一代 Kinect 技术，该技术围绕 Microsoft Azure 云平台设计，利用 Azure 支持的人工智能等更强大的功能提高 Kinect 的深度感应的准确性并降低功耗，形成了 Azure Kinect。

1. Kinect 的简介

Azure Kinect 将深度传感器、空间麦克风阵列与视频摄像头和方向传感器整合成一体式的小型设备，提供多种模式、选项和软件开发工具包（SDK），如图 4.5 所示。微软提供了丰富的开发工具和资源，帮助开发者利用 Kinect 的功能创建新颖的应用和体验，让 Kinect 通过其先进的传感技术和易于使用的交互功能、极其丰富的游戏和应用程序的交互方式，成为多个领域中创新应用的关键工具之一。

Azure Kinect 设备的尺寸是 103mm×39mm×126mm，重量为 440g。Azure Kinect DK 集成了采用卷帘快门 CMOS 传感器的 12MP 的 RGB 摄像头，以及

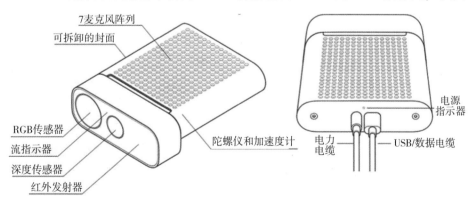

图 4.5　Azure Kinect 硬件说明

Microsoft 设计的 1 兆像素时差测距（ToF）深度相机，该相机的深度感知技术让 Kinect 能够实时获取用户的身体动作和深度信息，使用控制器进行动作识别和姿势捕捉，如图 4.6 所示。同时，Kinect 具有 360°七个麦克风环形阵列，用于语音捕捉。

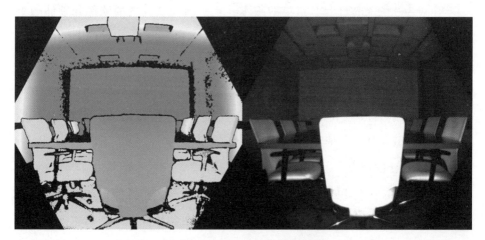

图 4.6　Kinect 捕捉的深度图像

除 Xbox 系列游戏机外，Kinect 还支持 Windows 平台，开发者可以利用其 SDK 开发 PC 应用程序。其优秀的动作捕捉能力，让用户可以通过身体动作参与游戏，如体育游戏、舞蹈游戏等。此外，Kinect 的运动追踪和交互性能也被广泛应用于教育和医疗领域。

2. Kinect 的使用

在使用 Kinect 之前，需要验证主机电脑配置是否符合 Azure Kinect DK 的最低要求。然后，将电源连接器插入设备背面的电源插孔。将 USB 电源适配器连接到线缆的另一端，然后将适配器插入电源插座。设备通电需要几秒钟时间，当电源指示器 LED 显示为白色时，即为连接成功。当 LED 指示灯熄灭时，表示设备可供使用。随后，下载 Kinect 配套的 SDK 并安装，启动 Azure Kinect 查看器，验证该工具是否可视化每个传感器流：深度相机、彩色相机、红外相机、IMU、麦克风。完成 Azure Kinect DK 的设置后可以开始开发应用程序或集成服务。

3. Kinect 在娱乐游戏领域的应用

在娱乐游戏领域，Kinect 以其独特的体感技术被广泛应用，开创了多种创新的游戏体验。最为著名的应用之一是体感游戏，*Just Dance* 系列便是其中的代表作。通过 Kinect 精准地捕捉玩家的舞蹈动作，玩家能够通过真实的身体动作与游戏进行互动，增强了游戏的沉浸感和参与感，如图 4.7 所示。

图 4.7　游戏 *Just Dance*

Kinect 还被应用于增强现实游戏的开发中。结合其强大的深度感知能力和游戏引擎如 Unity，Kinect 创造了许多引人入胜的虚拟与现实世界交互的场景。例如，玩家可以在自己的客厅中与虚拟宠物互动，或是通过 Kinect 在现实空间中放置和操作虚拟物品，使游戏体验更加身临其境。

此外，这种技术还被艺术家们用于创造交互式艺术装置，为观众提供全新的艺术体验。在艺术展览中，通过 Kinect 捕捉观众的动作或声音，触发虚拟互动装置生成艺术效果，这使观众能够参与到艺术作品的创作过程中，大大拓展了传统艺术与现代科技的融合空间。Kinect 与虚拟现实技术的结合，为虚拟现实艺术作品的创作提供了新的可能性。艺术家们可以利用 Kinect 捕捉观众的动作和环境信息，创造出沉浸式的虚拟现实艺术作品，观众可以通过与虚拟环境的互动和探索,深入体验艺术作品带来的感官冲击。

Kinect 在娱乐游戏领域的应用不仅有体感游戏,还涵盖了增强现实游戏、交互艺术装置以及虚拟现实艺术等多个方面,为游戏和艺术带来了前所未有的创新与乐趣。

4. Kinect 在医疗和康复领域的应用

Kinect 在医疗和康复领域展示了广泛的应用潜力,主要体现在姿势分析、运动治疗以及手术辅助等方面。首先,Kinect 被广泛应用于姿势分析和运动治疗,其高精度的运动捕捉能力,能够帮助监测患者的姿势和运动。这为医疗专业人员提供了评估患者步态、进行运动康复训练的便利工具。例如,Kinect 可以实时捕捉患者的步态变化,如图 4.8 所示,帮助医生调整治疗方案或者评估康复进展,从而提升康复效果和患者的生活质量。

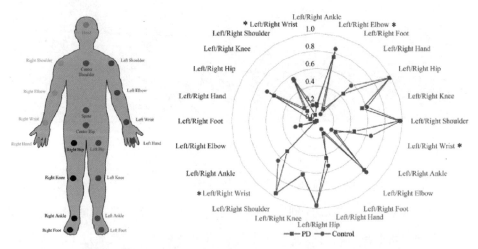

图 4.8　健康受试者和 Kinect 设备检测到的 PD 患者 Pearson 相关系数的平均值

其次,Kinect 在手术辅助和医疗影像方面也表现出色。在手术过程中,Kinect 可以用于实时导航和定位,为医生提供精确的操作支持。例如,通过 Kinect 的深度感知技术,医生可以在实时场景中观察和定位关键部位,有助于精准手术操作,减少手术风险和提升手术成功率。此外,Kinect 还可以结合影像技术如 CT 或 MRI 扫描,进行立体视觉重建和模拟手术演练,这对医生在实际手术前进行训练和准备至关重要,有助于提高手术的精确性和安全性。Kinect 为医疗工作者提供了创新的技术支持，促进了治疗效果的提升和医疗水平的进步。

5. Kinect 在教育和培训领域的应用

Kinect 在教育和职业培训领域展示了其独特的应用优势。在教育方面，Kinect 被广泛应用于创建交互式学习环境，从而提升学生的参与度和互动性。例如，通过虚拟实验室，学生可以使用 Kinect 进行手势控制的实验操作，无须消耗实验室的真实资源，这不仅节省了成本，还拓展了学习方式。这种互动式学习环境可以激发学生的学习兴趣，增强他们对知识的理解和记忆。

在职业培训领域，Kinect 的应用同样具有重要意义。它可以用于模拟各种真实环境中的操作，如飞行模拟、建筑施工模拟等。例如，在军事装备技术密集化的背景下，装备维修时常会面临单人难以应对、维修效率低的状况。爱荷华州立大学的 Rafael Radkowski 等将微软 HoloLens（一款头戴式显示器）和体感外设 Kinect 结合，利用 MR（混合现实）技术辅助维修，完成辅助装配操作，实现对维修步骤的实时引导和维修信息的实时显示。这极大提升了维修能力和维修效率，已经在军事装备维修领域得到了较好的应用，如图 4.9 所示。

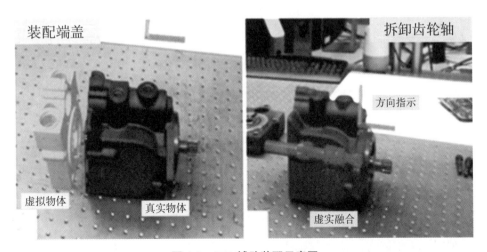

图 4.9　MR 辅助装配示意图

通过创新的技术支持，Kinect 为学生和专业人员提供了更加有互动性和实践性的学习体验，推动了教育和培训领域的向前发展。

6. Kinect 在体育领域的应用

Kinect 在体育领域的应用不局限于简单的运动监测，它还能深入拓展到对运动员的动作分析和数据采集，为训练和表现优化提供强大支持。结合其他传感器，Kinect 可以实时采集运动员的多维度运动数据，如速度、加速度等。这些数据对于运动表现的深入分析至关重要，能够帮助教练们更好地理解和评估每位运动员的运动能力和潜力。

通过对运动员姿势分析和运动数据采集，Kinect 不仅促进了运动员个人技能的发展，还提升了整体团队的竞技水平和表现效果。这种技术的应用在训练过程中具有重要意义，也为未来的体育科学研究和训练方法的改进提供了新的可能性和方向。

4.2　Unity+Kinect 在大运河文化遗产数字化中的应用

4.2.1　Unity+Kinect

Unity 作为一款跨平台的游戏引擎，支持多种设备和平台，包括 Kinect，这使得开发者可以利用 Kinect 捕捉数据，通过 Unity 实现跨平台的应用开发和部署，利用 Unity 优秀的图形渲染和动画功能，实现高质量的虚拟环境呈现和动态交互。Kinect 的优势在于实时姿势识别和动作捕捉，获取精准的点位，包括手部、头部、身体的位置等。将 Unity 的交互能力与 Kinect 捕捉身体姿势数据的能力结合，能够实现与高仿真虚拟角色的实时交互，让用户通过自然的肢体动作带动 Unity 的虚拟环境中的角色动画，增强交互的真实感和参与感。

Kinect 通过红外线和 RGB 摄像头的组合，能够实时获取场景的深度信息。这种深度采集能力可以用于空间采集、理解环境和非接触交互，为 Unity 中的虚拟环境提供更真实的环境信息。Unity 和 Kinect 结合使用可以创造出交互性更强、沉浸感更深的应用体验。

4.2.2　Unity+Kinect 在大运河文化遗产数字化中的应用

大运河作为一项重要的文化遗产，其数字化具有多方面的重要意义和必要性，有助于大运河文化的保护与传承，并且数字化的大运河文化可以为文化的教育和研究提供多样化的途径，展示了其在当代社会中的价值和意义。

通过数字化技术记录和保存大运河文化遗产，有助于文化的保护和传承。Unity 由于其高传播性和多平台兼容性，扩大了文化的传播途径，以更有趣味的方式让更多的人了解和体验大运河文化。同时，利用 Kinect 的互动功能，打造交互式的学习场景，让用户通过动作参与到学习大运河的历史和文化中，吸引更多年轻一代的目光。

对于人们来说，数字化是一种了解大运河文化的全新渠道。Unity 和 Kinect 结合可以提升用户了解和体验文化时的交互性和参与度。通过自然的沟通和动作，用户可以直接操纵虚拟环境中的对象或角色，这种交互方式让用户更容易投入应用中，以身临其境的方式感受文化的内涵，加深了运河文化在用户脑中的印象，提升了用户参与时的乐趣感。Unity 和 Kinect 的结合是文化数字化的技术亮点，适用于教育、艺术、娱乐等多个领域，这对于展示大运河历史和文化具有重大意义。

4.3　基于 Unity+Kinect 的大运河文化遗产数字活化案例赏析

本节将赏析基于交互体感技术的吴式太极拳教学系统设计案例。

4.3.1　研究意义

使用科技手段继承发扬吴式太极拳的研究在保护北京通州区文化遗产方面具有深远而多维的重要性。通过科技手段记录、传播和教授吴式太极拳，可以确保这一传统文化得以延续。这有助于将太极拳的技法、历史和精髓传递给后代，防止文化传承的中断。科技能够帮助保存、整理和保护吴式太极拳相关的文化遗产，包括书籍、录像、照片、口述历史等资料。这些资料的数字化处理和存档有助于防止文化遗产的磨损和丧失。

通过互联网和数字化平台，吴式太极拳可以跨越地域和国界，与世界各地的人们进行交流与分享。这促进了不同文化间的相互理解，也为中华传统文化在全球范围内获得认可和传播提供了途径。科技带来的创新，如虚拟现实、运动分析软件等，有助于太极拳的发展和进步。科技能够提供更多元化的学习途径，让不同年龄和背景的人更容易接触和学习太极拳，从而激发出更多的创新和发展。

科技的应用也可以促进相关产业的发展。通过数字化、线上教学等方式，太极拳可以成为吸引游客、培训学员和促进相关产业发展的重要资源。与其他国家或地区合作，共同利用科技手段保护和传承太极拳，有助于促进国际间的文化交流与合作，共同推动世界各地传统文化的保护和传承。

在综合考虑北京通州区文化遗产的保护和传承时，科技的应用不仅是一种顺应现代化的手段，更是一种对传统文化的珍视和承载。通过科技手段继承发扬吴式太极拳，可以为北京通州区文化遗产的传承、保护与发展提供全新的视角和可能性。

4.3.2 文化背景调研

通州区位于中国北京，是一处拥有丰富历史文化底蕴的地区，同时也是太极拳这一传统武术的发源地之一。吴式太极拳名列通州区非物质文化遗产名录，是不可多得的地方文化瑰宝。吴式太极拳由吴鉴泉创立。这一太极拳流派注重内在功夫的修炼，强调以柔克刚、以静制动、以意驭气的理念。其动作缓慢柔和、内敛深沉，注重身心合一、意念导引，旨在增强健康、调和气血、提升身心素质。吴式太极拳作为太极拳的重要流派之一，承载了深厚的文化传统，并融合了中国传统哲学、医学与武术技艺，因此传承和发扬吴式太极拳具有重要意义。

随着时代的变迁和社会的发展，吴式太极拳面临着一些挑战，包括传承断代、资料记录不全、老师稀缺等问题。为了更好地保护和传承通州区的文化遗产，应用科技手段对吴式太极拳进行继承发扬具有重要意义。

4.3.3　通州区太极拳普及现状

北京市通州区有大量太极拳爱好者聚集地：通州体育场、运河文化广场、新华大街西海子公园、果园环岛和各家太极拳馆等。太极拳习练者在练习时喜欢与朋友和培训班学员一起练习的占 91.31%，练习者自己个人单独练习的仅占 7.61%。其中练习太极拳的中青年群体人数较少。练习者们往往依靠共同的兴趣爱好和追求聚集在一起，他们或是通过朋友介绍，或是在公园、广场散步时看到人们在学习太极拳，从而加入练习的集体中来。有 42% 的人认为太极拳习练和传播者人数虽然占有相当比例，但大部分动作不够标准，不会组织教学或水平不高，缺乏专业太极拳指导教师的指导。因此，加大太极拳宣传的力度，使人们更深入地了解太极拳，鼓励各种交流活动的开展很有必要。

北京市通州区太极拳习练者中，自觉、主动参与的占大多数，在经常参加太极拳运动的人群中，有 56.52% 的人是以治病保健为动机参加太极拳运动的，有 84.78% 的人是以增强体质为目的进行太极拳运动的，有 22.83% 的人想通过练习太极拳使自己放松心情、减轻压力，有 20.65% 的人是以兴趣爱好和结交朋友为目的的，仅有 7.61% 的人是为习武防身来习练太极拳的。

4.3.4　太极拳对身体的影响

太极拳运动在锻炼的过程当中，对我们的身体健康有着许多正向的影响。经过长期太极拳运动后，中老年女性在紧张、愤怒、疲劳、抑郁、慌乱 5 个代表消极情绪的心境分量表上得分均显著降低，而代表积极情绪的心境分量表得分显著升高，自尊感的得分虽变化不显著，却呈现出稳步上升的趋势；并且随着太极拳锻炼的继续开展和进行，其疲劳、愤怒、抑郁和慌乱 4 个心境分量表得分继续下降，且较实验前差异显著。说明长期的太极拳运动能够使参与者的心境向积极的方向转变。长期的太极拳运动有助于调节参与者的精神面貌。

在大学进行 16 周吴氏太极拳的训练可以有效改善参与的女性大学生的健康体适能状况，其中在提高她们的柔韧性方面和心肺适能方面效果显著。通过 16 周的吴式太极拳练习，参与的女性大学生的体脂率都有所降低。

太极拳是一种适合老年病人的有氧运动方式，长期锻炼有利于老年病人焦虑状态的改善，提高其生活质量。研究也表明，太极拳锻炼能有效减轻人们的抑郁和焦虑水平，促进人们的心理健康。研究结果显示，伴有焦虑、抑郁的冠心病患者在进行了 3 个月的太极拳运动锻炼后，其 SAS（焦虑自评量表）、SDS（抑郁自评量表）评分均显著下降，说明太极拳运动锻炼能有效改善冠心病患者的焦虑、抑郁状态。

4.3.5　吴氏太极拳教学系统设计

第一步，进行 UI 界面设计。主界面按钮的设置需要先在用户界面创建控件蓝图。之后在控制板搜索画布面板（canvas panel），将其拖入层级面板。在控制板搜索垂直框（vertical box），拖入蓝图中并把锚点调整到中心。在控制板中添加按钮（button）并拖至垂直框（vertical box）中。在控制板增加通用文本（common）并拖到按钮上。选中文本，在右侧输入内容。新建空白关卡，创建游戏基础蓝图。打开世界场景设置，将 Game Menu 拖到右侧"游戏模式重载"处。点开 Game Menu，将默认 pawn 类选择为 none（这样开始游戏就不会出现角色）。打开关卡蓝图，搜索 create widget 并连接，return value 连接出 add to viewport（添加到视口）。保存并编译后运行游戏就出现游戏菜单了，如图 4.10 所示。

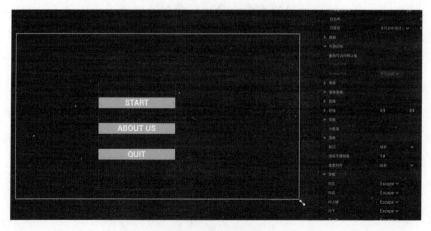

图 4.10　游戏菜单

　　第二步，赋予 start 键功能。回到控件蓝图（Main Menu），点开"点击时"右侧的加号。在蓝图中，将 on clicked 连接到 open level（by name），把 Level Name 改成想要跳转关卡的名字。

　　第三步，赋予 quit 键功能。重复刚刚的 on clicked 选择，将其连接到 quit game 处。

　　第四步，加入 UI 图片。上传主界面背景到内容浏览器，右键图片，选择应用 2D 纹理设置。返回设计蓝图界面，左侧菜单栏搜索图片，拖入右侧蓝图设计器。在笔刷栏选择想要填充的图片，zorder 调整为 −1，下移图层。在 Main Menu（控件蓝图）中搜索 get player controller，右侧连接 set show mouse cursor，选中显示鼠标光标，连接 event construct，再连接 set input mode UI only，把 set show mouse cursor 和它连接，如图 4.11 所示。

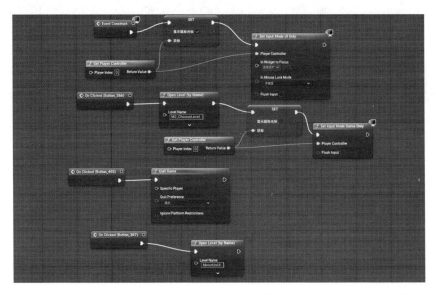

图 4.11　游戏 UI 逻辑图

4.3.6　角色动作捕捉

　　游戏设计采用一种基于 Kinect+Dollars 技术的动态捕捉方法，以实现高效而精准的动作捕捉过程。Kinect 被用于获取角色关键关节点的坐标信息，而

Dollars 技术则用于精确控制角色的运动。此外，为了提高太极拳规范动作的采集效果和动态骨骼的制作质量，在此引入 Rokoko 技术的支持。

　在实际操作前，首先利用 Kinect + Touch design 创建一系列实验模型。Kinect 将捕捉到的坐标传输至 Touch design，然后打包成一组 OSC 信号并传送至 UE5。在 UE5 中，通过蓝图工具接收 OSC 信号，并将其转换为相应方块的坐标，从而控制其运动，如图 4.12 所示。

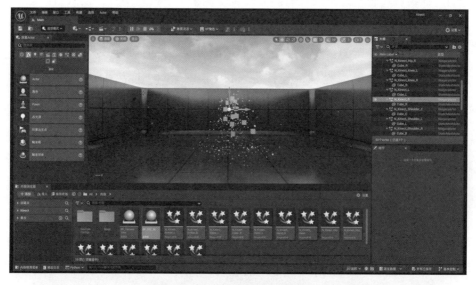

图 4.12　信号转换展示图

　随后深入研究吴氏太极拳的规范动作，并借助 Rokoko 技术进行太极拳规范动作的采集。采集时选择宽敞的场地，在电脑内置摄像头的监测下进行太极拳的演练。生成的动作数据被软件自动转化为动态网格体，为后续的分析和制作提供了有力支持，如图 4.13 所示。

　接着，在 UE5 中置入此网格体，并在其上放至若干组采集点，借助蓝图工具读取其坐标位置。在动态捕捉时，借助 Dollars 摄像头动态捕捉技术，植入 Dollars 动态捕捉的算法控制，进而实现对角色的控制，如图 4.14 所示。

　最后在做动作匹配度检测时，利用 Kinect 捕捉到的关节点坐标，计算关节点到采集点间的距离。当距离小于一定值的时候视为动作到位，从而实现动作

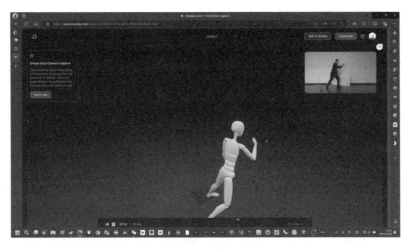

图 4.13　动作采集展示图

图 4.14　教学游戏展示图

判定。先借助 Kinect 捕获动作坐标，将坐标信息打包成 OSC 信号发送至 UE5。

随后，在蓝图工具中计算人关节点与规范点间距离，小于定值时即为判定成功，并增加得分。

4.3.7　成果展示

本装置是一款基于 Kinect 的吴式太极拳学习装置。吴式太极拳是北京通州区的非物质文化遗产，同时大量研究也表明了吴式太极拳对于人体大有益处，但受制于种种原因没能得到广泛的传播和推广。本设计通过体感交互技术实现了电子导师教学、触碰点检验动作标准程度的形式给予用户有趣的交互、学习体验，让所有人都可以在自己的电脑前深度学习吴式太极拳，借此将其推广开来。希望可以借助当今的技术手段降低太极拳的学习门槛，让更多年轻人乃至来自更多文化背景的人们都可以感受到太极拳的魅力并通过太极拳的形式锻炼身体。

本装置完成了 UI 界面的搭建（图 4.15），可以让所有体验者通过简单易懂的界面开始太极拳的体验，也可以对吴式太极拳进行了解，知晓其背后的文化。

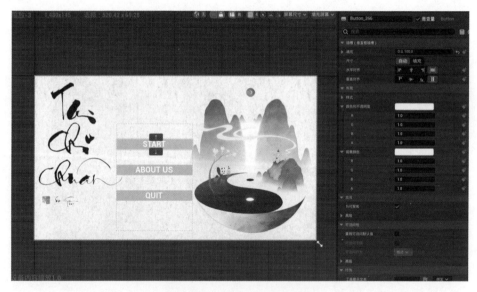

图 4.15　游戏 UI 界面展示图

显示屏中会出现两个人物，左侧为真人玩家，右侧为电子教练，如图 4.16 所示。玩家跟随电子教练的动作进行移动，通过触碰空中的采集点完成考核，以此完成对吴式太极拳的学习，如图 4.17 所示。

图 4.16　游戏展示图

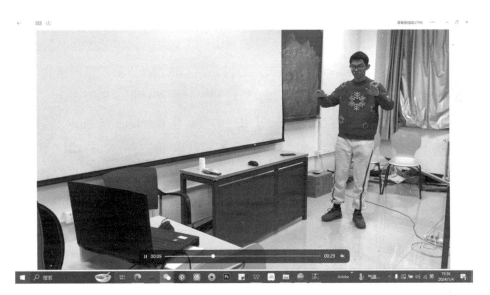

图 4.17　真人玩家演示图

第 5 章 Leap Motion 在大运河文化遗产活化中的应用

5.1 Leap Motion 的简介与使用

Leap Motion（中文名：厉动）是面向 PC 以及 Mac 的体感控制器制造公司 Leap 于 2013 年 2 月 27 日发布的体感控制器。该设备以其高精度和低延迟的手部及指尖跟踪技术而闻名，能够快速捕捉到手部动作的细微变化，并在空中实时快速地做出反应，大大提升用户的交互体验。Leap Motion 以其高度精准的手势追踪能力、丰富的交互方式、高刷新率和广阔的视野范围等优点，在虚拟现实和增强现实技术领域展现出了强大的竞争力和广阔的应用前景。

5.1.1 Leap Motion 硬件设备

Leap Motion 整体小巧便携，重量只有约 32g，尺寸约 80mm×30mm×11mm，整体为黑色玻璃材质，侧面为铝合金材质外壳，底部为橡胶。

Leap Motion 内置了两个带广角镜头的高帧率灰度红外摄像头和三个红外 LED 灯来采集数据，其内部原理图如图 5.1 所示。Leap Motion 设备的顶层装有一个特殊的滤光层，只允许红外光波通过，有效地删减了不必要的光波，使得摄像头捕获的数据更为精准，从而减轻了后续处理的计算复杂度。此外，设备采用了双摄像头系统，模拟人类双眼视觉机制，通过双目视觉来捕获数据，这种设置可以更准确地获取手部的三维位置，并建立精确的手部立体模型。为了进一步提高处理速度并降低数据处理量，Leap Motion 使用灰度摄像头，这种方式大幅度减少了所需处理的数据量。得益于这些硬件优化与先进算法的结合，Leap Motion 能够采集高达每秒 200 帧的手部数据，且追踪精度高达 0.01mm，从而实现了手部动作的实时准确追踪。

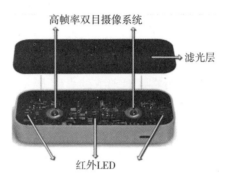

图 5.1　Leap Motion 结构图

当有手进入 Leap Motion 的识别区域时，它会进行自动追踪，输出一系列实时刷新的帧数据（Frame）。帧数据是 Leap Motion 数据的核心，在每一帧数据中包含了所有有关手部运动的信息，如所有的手（Hands）、手指（Fingers）、尖端物体（Pointables）、工具（Tools）、手势（Gestures）及其位置（Position）、速率（Velocity）、方向（Direction）、旋转角度（Rotation）等信息，详细数据如图 5.2 所示。

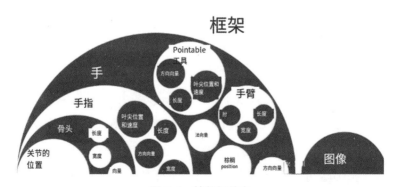

图 5.2　帧数据信息

对于每只手生成的手部模型，具体包含大拇指、食指、中指、无名指、小拇指和手腕关节；对于每根手指，包含远节指骨、中节指骨、近节指骨和掌骨。Leap Motion 模拟了真实人手的骨骼关节，通过每帧信息的更新获取，能够实现实时、快速、准确的手部追踪效果。

5.1.2　Leap Motion 的使用

Leap Motion 设备的设计极其简洁，用户只需将 Leap Motion 控制器通过 USB 连接到计算机，将其放置在键盘前方的桌面上，使控制器的 LED 灯朝向用户即可。

同时，用户可访问 Leap Motion 的官方网站下载并安装适用于您操作系统的最新软件及驱动程序。设备设置完毕后，通过运行 Leap Motion 的设置向导，完成设备的校准，确保摄像机的清晰度和准确性。此外，在控制面板中，用户可以按个人偏好调整跟踪灵敏度等设置。

用户可通过 Leap Motion 软件中包含的一些演示应用，帮助理解如何通过手势与计算机互动。熟练掌握这些基本手势后，用户就可以下载支持 Leap Motion 的各种游戏和应用程序；对于应用 Leap Motion 进行开发的开发者而言，还可以使用 Leap Motion 提供的 SDK 在自己的项目中集成手势控制功能。

5.1.3　Leap Motion 与数字化工具的结合

1. Leap Motion 和 Unity

当 Leap Motion 与 Unity 这一强大的游戏和实时互动平台结合时，Leap Motion 不仅把手势控制带入虚拟环境，也极大地拓展了用户与应用之间的互动方式。首先，开发者需要获取 Leap Motion 设备并安装相关软件，然后在 Unity 中导入 Leap Motion 的 Unity SDK，这个 SDK 包括了必要的场景、脚本和预设，为开发者提供了一套完整的工具来搭建和配置场景。通过在 Unity 中编写 C#脚本，开发者可以定制手势识别以及具体的用户交互逻辑，使体验更加丰富和流畅。

结合 Leap Motion 与 Unity 后，开发者能够给用户提供多样的虚拟现实和增强现实体验，如 VR 游戏、模拟训练、音乐和艺术创作以及交互式教育应用。特别是在文化遗产的数字活化领域，这种技术组合提供了一种全新的方式来探索和学习文化遗产。例如，用户可以通过自然的手势在虚拟环境中亲手修复古代文物，或是操作复杂的历史机械模型，甚至在不触碰实物的情况下，以全新的视角和方式，深度体验那些通过数字技术复原的历史场景和文物。这不仅为文化遗产的保护与教育带来了创新的解决方案，也为公众提供了一个接触和了解人类历史和文化的窗口。通过这种互动方式，Leap Motion 与 Unity 的结合让古老的故事以一种现代、互动的形式重新焕发生机。

2. Leap Motion 和 TouchDesigner

TouchDesigner 是一个视觉编程语言平台，专门用于创建交互式的 3D 艺术和视觉效果。Leap Motion 与 TouchDesigner 的结合打开了创新门户，为数字艺术家和开发人员提供了实现手势控制的新途径。开发者只需在 TouchDesigner 中导入相应的插件，不必编写复杂的代码就能直接使用 Leap Motion。

通过这种集成，开发者可以利用 TouchDesigner 强大的视觉处理和 3D 建模能力来根据用户的手势生成动态的视觉效果。例如，可以根据手势的速度和方向改变视觉元素的颜色、形状或动画，或者创建一个完全由用户的手部动作驱动的交互式视觉表演。这种技术的结合，使得演出艺术家和视觉制作人可以在演出中实时控制复杂的视觉效果，极大地提高了表演的表达力和观众的参与度。

在文化遗产的数字活化方面，Leap Motion 和 TouchDesigner 的结合尤为重要。举例来说，开发者可以创建一个虚拟的历史展览，让观众通过手势与展品进行互动，借此深入了解每件展品的历史和文化意义。例如，Leap Motion 与 TouchDesigner 结合的作品《趣绣》，通过数字化、动态化，将底蕴厚重的传统文化——黔东南苗绣纹样内涵以一种交互式生成的叙事形式呈现出来。作品包含 "枫树" "蚕龙" 和 "百鸟" 三个篇章，每个篇章根据不同纹样的寓意设计了不同的交互手势：以单手抓握对应枫树纹寓意中的 "孕育、诞生"，以双手食指牵引对应蚕龙纹寓意中的 "祈福、成双"，以单手扬起对应百鸟纹寓意中的 "热情、繁衍"。通过特定的交互机制引导人们以新的形式参与进来，用 Leap Motion 传感器抓取观众手指等位置，经预制算法和 TouchDesigner 设计图案与音乐的切换，便能使观者将自身行为融入作品的呈现过程中，沉浸体验苗绣古朴而绚丽的艺术风格。这种互动模式不仅增加了展览的趣味性和教育价值，还使得文化遗产以一种全新的形式呈现，使人们能以更直观的方式体验和理解。

Leap Motion 和 TouchDesigner 的结合不仅重新定义了人们与数字内容的互动方式，也为传统文化遗产的保护、研究和传播提供了新的视角和工具。这种技术的融合示范了如何利用现代科技来活化历史文化，促进文化的传承和创新，使得文化遗产在当代社会重焕生机，成为连接过去与未来的桥梁。

3. Leap Motion 和 Processing[①]

Leap Motion 与 Processing 的结合开启了一个新的可能性领域，特别是在交互设计和数字艺术的应用中显示出巨大的潜力。作为一种编程语言和开发环境，Processing 的易用性和对视觉艺术的强大支持使得这种结合尤为合适。通过在 Processing 中编写代码整合 Leap Motion，开发者可以将实时捕获的手势数据转换为视觉输出，实现从简单的图形变化到复杂的动画效果，甚至是互动游戏的跳转。

结合这两种技术，可以创造出令人兴奋的视觉艺术作品和新型交互界面，其中用户的手势直接影响数字媒介的内容和行为，从而提供一种非常直观和自然的交互方式。例如，艺术家和设计师可以开发出基于手势的音乐表演工具，让演奏者通过移动手指来控制音乐的节奏、音量和音色，或者创建一面虚拟画布，让观众可以用手势绘图和塑形。这些应用不仅增强了用户体验，也拓宽了艺术表达的边界。

在文化遗产的数字活化方面，Leap Motion 和 Processing 的结合提供了一种独特的方式来重新解读和展示传统艺术与历史资料。通过这种技术结合，开发者可以创建一个互动展览，让观众通过手势与展品互动，例如，通过手势

① Processing，即图形设计语言，是一种具有革命前瞻性的新兴计算机语言。

翻页浏览一本珍贵的数字化古籍或通过手势来旋转和放大一个三维数字化的古代雕塑。这种互动不仅让观众能够更加深入地理解文物的细节，而且能够提高观众对展览的兴趣和参与度。

Leap Motion 和 Processing 的结合不仅可以提供娱乐和教育，更重要的是为我们连接过去与现在甚至未来提供了一座创新的桥梁，以全新的方式理解和欣赏人类的文化遗产。

4. Leap Motion 和 Grasshopper[①]

Leap Motion 与 Grasshopper 的结合为设计师和建筑师提供了一个创新的交互式设计工具，这种结合利用了 Leap Motion 的精准手势识别能力与 Grasshopper 强大的算法建模功能：Leap Motion 能够捕捉用户的手部和指尖动作，提供高度精确的空间和深度信息，而 Grasshopper 作为 Rhinoceros 3D 软件的一个编程插件，主要被用于执行复杂的几何形状设计和数据驱动的设计任务。通过将 Leap Motion 的实时手势数据输入 Grasshopper，用户可以直接通过手势在 3D 空间中操作和变形设计对象，创造出动态响应手势的模型，这种方式极大地增强了设计的直观性和互动性。

这种技术整合不仅让设计师能够以一种新的、更直观的方式进行建筑和产品设计，而且极大地简化了设计过程。设计师可以实时地调整和优化他们的设计而不需要复杂的代码或者传统的鼠标键盘操作，使得设计成为一种更自然流畅的创作行为。

在文化遗产的数字活化领域，Leap Motion 和 Grasshopper 的结合提供了一种全新的方式来探索和展示古老建筑和艺术品的数字化复原。设计团队可以利用这种技术以更精细的手势控制精确地操控 3D 扫描得到的文物模型，进行虚拟修复或重新解构分析，让观众能够通过互动体验深入了解文物的细节与历史背景。

进一步地，这种互动还能结合多媒体信息展示，如通过特定手势触发音频解说和历史背景讲解视频，增强参与感和教育效果。这使得学者和公

---

①　Grasshopper（简称 GH）是一款可视化编程语言插件，它基于 Rhinoceros 平台运行，是数据化设计方向的主流软件之一，同时与交互设计也有重叠的区域。

众不仅能观察到文物的外观，更能深入理解其制作工艺和历史价值。这种技术的应用使得文化遗产不再是遥不可及的宝物，而是可以动态探索和感受的历史见证。

总的来说，Leap Motion 与 Grasshopper 的结合不仅拓宽了设计和建模的边界，也为文化遗产的保护与教育开辟了新的路径。通过这样的技术融合，我们可以以更自然的方式进行设计与创作，还能以全新的视角来连接和体验过去的文化遗产，使之以一种更生动和互动的方式传承至未来。

5.2 Leap Motion 在大运河文化遗产数字化中的应用

5.2.1 Leap Motion+Unity 创造大运河文化遗产新体验

在探索大运河文化遗产的数字化体验时，Leap Motion 与 Unity 的结合应用提供了一种创新且高效的方法论，旨在通过手势识别技术为用户创造沉浸式的文化探索之旅。这种方法论不仅适用于大运河这一特定文化遗产的数字化，还可推广到其他文化遗产活化案例中，能够为各类文化遗产的数字化展示提供有力支持。

Leap Motion 作为一款高精度的手势识别设备，能够捕捉用户手指的微妙动作，并将其转化为数字信号，为数字交互带来了前所未有的自然与直观体验。在大运河文化遗产的数字化项目中，Leap Motion 被巧妙地融入Unity 这一强大的游戏开发引擎中，二者共同构建了一个多感官、互动式的文化遗产体验平台。

通过 Leap Motion，用户无须依赖传统的鼠标、键盘或触控屏，仅凭双手即可在虚拟空间中自由探索大运河的悠久历史与灿烂文化。这种手势交互方式不仅极大地提升了用户的参与感和沉浸感，还使得文化遗产的展示更加生动、灵活。用户可以通过手势缩放、旋转、拖动等方式，近距离观察运河沿岸的古建筑、船只、文物等细节，仿佛亲身漫步于历史的长廊之中。

在 Unity 的支持下，Leap Motion 的手势识别数据被实时处理并转化为视觉化的场景变化。设计师可以利用 Unity 的强大功能，创造出符合大运河文化特色的虚拟环境，包括逼真的光影效果、细腻的场景建模以及丰富的互动元素。这些元素与 Leap Motion 的手势交互紧密结合，共同构建了一个既真实又富有创意的文化遗产体验空间。

Leap Motion 与 Unity 的结合应用为大运河文化遗产的数字化展示提供了一种创新且高效的方法论。这种方法论不仅强调了手势识别技术在数字交互中的重要作用，还体现了 Unity 游戏开发引擎的强大功能。通过二者的紧密结合，我们可以为用户创造出一个沉浸式的文化遗产体验空间，让更多人有机会了解和感受大运河的悠久历史与灿烂文化。同时，这种方法论也具备广泛的普适性，可以为其他文化遗产的数字化展示提供有益的借鉴和参考。

5.2.2　Leap Motion+Unity 活化研究方法

1. 数据收集方法

数据收集将主要通过两种方式进行：文献回顾和实地调研。文献回顾将包括相关书籍、期刊文章、在线资源等，以获取关于 Leap Motion、Unity 游戏引擎以及传统文化传承的理论和实际应用信息。实地调研将包括与游戏开发团队的访谈、观察和用户体验测试，以获得关于游戏设计和开发的第一手资料和反馈。通过结合这两种方法，研究将能够全面理解和分析 Leap Motion 和 Unity 引擎在设计和开发"提线木偶"游戏中的应用，以及这种应用对传统文化传承的影响。

2. 数据分析方法

数据分析将采用定性分析方法，重点关注游戏设计过程、用户互动体验和游戏对传统文化传承的效果。分析将包括对开发团队访谈内容的主题编码、用户测试反馈的内容分析以及游戏设计元素和用户互动方式的评估。此外，还会对游戏的教育效果进行分析，包括用户对提线木偶文化的理解和兴趣的增长。

5.3　基于 Leap Motion 的大运河文化遗产数字活化案例赏析

5.3.1　中国传统文化的数字化传承：基于 Leap Motion 的提线木偶2D游戏设计与开发研究

1. 项目背景

本项目是一个基于 Leap Motion 和 Unity 引擎的 2D 游戏，主题是中国传统文化的提线木偶。游戏的目的是让玩家体验提线木偶的魅力，同时了解其历史和文化背景。游戏中包含三个关卡，关卡设计取材于李白的《梦游天姥吟留别》中的四句诗词："我欲因之梦吴越，一夜飞渡镜湖月""脚著谢公屐，身登青云梯""熊咆龙吟殷岩泉，栗深林兮惊层巅""洞天石扉訇然中开"。玩家需要控制木偶在关卡中完成不同的任务目标。游戏的意义是传承和弘扬中国传统文化的提线木偶，这是一种有着悠久历史和深厚内涵的艺术形式，通过游戏，玩家可以感受到提线木偶的独特魅力，同时也可以学习到提线木偶的相关知识，增进对中国传统文化的理解和尊重。

2. 大运河文化遗产之泰顺提线木偶文化

（1）泰顺提线木偶简介

提线木偶戏属传统戏剧类别。泰顺提线木偶戏是一种极具泰顺地方特色的传统戏剧，始于南宋，明清时期达到鼎盛，泰顺木偶戏班至清末达 120 多班，在头像雕刻、人物造型、服饰装扮诸方面均独具一格。泰顺提线木偶戏题材丰富，有传统剧、现代戏与儿童剧。演出风格多样，提线水平精湛，表演细腻逼真，勾、挑、提、拉，双手并用，吹、拉、弹、唱，一并俱佳。唱腔以乱弹为主，兼唱昆剧、和调（京剧）与高腔。2007 年，泰顺提线木偶戏列入第二批浙江省级非物质文化遗产名录，2011 年列入第三批国家级非物质文化遗产名录。

泰顺提线木偶不仅手指灵活自如，而且还能转动眼珠和闭合嘴巴，弥补了其他地方木偶戏没有脸部表情之不足。其木偶的布线视角色而定，一般左手设 3 条，右手设 5 条（两条专使手指动作），双脚和胸腹各设 1 条，头部设 2 条，武生最多的共设 18 条。泰顺木偶戏的提线水平较高，操作的艺人运用手指的熟练动作，拨动木偶身上的提线，表演出各种细腻而富有真实感的动作。如文人执笔书写、武将拔剑厮杀、娘子梳妆打扮、妇人提壶倒水等；同时还能表现出喜、怒、哀、乐的表情。在泰顺著名木偶艺人中以木偶表演艺术家黄泰生的提线水平最为高超，他擅长表演猴戏《火焰山》《真假美猴王》等，被誉为"木偶猴王"。

泰顺木偶戏的唱腔以温州乱弹为主，兼唱昆剧、和调（京剧）等。温州乱弹是一个地方剧种，以唱正反乱弹腔为主，又兼有昆曲、高腔、徽调、滩簧、时调等多种声腔，因流行在泰顺周边地区（温州地区），故名"温州乱弹"，新中国成立后，改称"瓯剧"。泰顺提线木偶早期都唱高腔，仅一人帮腔，没有乐器伴奏，后才逐渐流行辅以乱弹、和调和京剧。

艺人创造了许多叫人眼花缭乱的特技动作，表演如真人，全靠精致准确的抽线功夫方能得心应手，有些提线水平高的艺人双手提四个木偶翻筋斗混战而不缠线，令人赞不绝口。

（2）提线木偶在现代媒介中的呈现

提线木偶是一种传统的表演艺术，它依赖于现场的观众、舞台、灯光、音乐等多种因素，来营造一种独特的氛围和效果。然而，随着现代媒介的发展，提线木偶也面临着如何适应新的传播方式和受众需求的问题。一方面，提线木偶需要利用现代媒介的优势，扩大其影响力和受众范围，提高其艺术水平和创新能力；另一方面，提线木偶也需要保持其传统的特色和风格，避免失去其原有的魅力和意义。因此，提线木偶在现代媒介中的呈现是一个值得研究的课题，涉及提线木偶的历史、文化、艺术、技术等多个方面。

目前，关于提线木偶在现代媒介中呈现的研究主要有以下几个方向。

提线木偶的数字化保存和展示。这方面的研究主要是利用数字技术，如三维扫描、数字建模、虚拟现实等，对提线木偶的形态、结构、动作、声音等进行记录和重现，以便对提线木偶进行保存和展示，同时也为提线木偶的研究和教育提供了便利。例如，王晓娟等（2019）介绍了一个基于三维扫描和数字建模的提线木偶数字化保存和展示系统，该系统可以实现提线木偶的三维重建、纹理贴图、动画制作、虚拟展示等功能，为提线木偶的数字化保存和展示提供了一种有效的方法。

提线木偶的电影和电视化改编。这方面的研究主要是利用电影和电视的手段，如摄影、剪辑、配音、特效等，对提线木偶的表演进行改编和再创作，以适应电影和电视的语言和规律，同时也为提线木偶的传播和推广提供了一种有效的途径。例如，陈晓莉等（2018）分析了《提线木偶》这部电影的创作过程和特点，指出该电影是一部成功的提线木偶电影化改编的范例，它不仅保留了提线木偶的原始风貌和韵味，也展现了提线木偶的现代化和国际化的视野和气度。

提线木偶的游戏化设计和开发。这方面的研究主要是利用游戏的技术和理念，如交互、反馈、挑战、乐趣等，对提线木偶的表演进行设计和开发，以增加提线木偶的趣味性和教育性，同时也为提线木偶的创新和发展提供了一种新的可能性。本项目就是一个基于 Leap Motion 和 Unity 引擎设计和开发的提线木偶 2D 游戏，该游戏通过手势控制的交互方式，让玩家体验提线木偶的魅力，同时也学习提线木偶的相关知识，达到了文化传承和弘扬的目的。

（3）木偶文化活化的重要性

中国传统文化是中华民族的宝贵财富，是中华文明的精髓和灵魂。然而，随着时代的变迁和社会的发展，许多传统文化的形式和内容面临着遗忘和消亡的危机，亟须采取有效的措施进行保护和传承。提线木偶是中国传统文化的重要组成部分，是一种集雕刻、绘画、服装、音乐、舞蹈、戏剧等多种艺术于一体的综合性表演形式，具有极高的艺术价值和文化价值。提线木偶的历史可以追溯到汉代，经过唐宋元明清等朝代的发展和演变，形成了多种地方流派和风格，如福建提线木偶、广东提线木偶、河北提线木偶等，各具特色和魅力。提线木偶不仅是一种娱乐性的民间艺术，也是一种教育性的文化载体，它反映了中国传统社会的风俗、道德、信仰、思想、情感等。

然而，由于现代科技的发展和市场的竞争，提线木偶这种传统的表演艺术正面临着观众流失、传承断层、技艺衰落等严峻的挑战，亟须寻找新的传播方式和创新方法，以适应时代的需求和潮流，吸引更多年轻人的关注和喜爱。技术是文化传承的重要手段和工具，通过运用先进的技术，可以为传统文化的展示和传播提供更多的可能性和便利性，同时也可以为传统文化的创新和发展提供更多的空间和动力。本项目就是基于这样的背景和目的，利用现代的交互技术和游戏引擎，设计和开发了一个以提线木偶为主题的 2D 游戏，旨在为玩家提供一次富有趣味性和教育性的数字化传统文化体验。

3. 研究问题

Leap Motion 控制器如何捕捉玩家的手部动作，并将其映射到游戏中的提线木偶上，实现手势控制的交互方式？

Unity 引擎如何实现提线木偶的 2D 动画效果，模拟提线木偶的运动特征和表现形式？

游戏的关卡设计如何取材于中国传统文化的经典诗词，展现提线木偶的文化内涵和艺术魅力？

游戏的玩法和任务目标如何设置，以增加游戏的趣味性和挑战性，同时也达到教育和传承的目的？

4. 研究目的和目标

目的：开发一款结合现代技术与传统文化的游戏，为玩家提供一次独特的提线木偶体验，让玩家感受到提线木偶的魅力，同时了解其历史和文化背景。

目标：评估这种交互式游戏在文化教育中的效果，通过收集和分析玩家的反馈和数据，探讨游戏对玩家的知识、态度、行为等方面的影响和改变。

5. 游戏实现形式设计思路

Leap Motion Controller 通过红外线传感器和摄像头来追踪用户的手势和手

部运动。它可以识别手指的位置、手的形状以及手势，从而使用户能够以肢体动作的方式与计算机进行互动，而无须触摸鼠标或键盘。

基于 Unity 建立场景与界面支持多个平台，包括 PC、移动设备（iOS 和 Android）、主机游戏机、虚拟现实（VR）和增强现实（AR）平台。这使得开发者可以在多个平台上共享代码和资源，从而更容易实现跨平台发布。Unity 拥有强大的图形引擎，支持高质量的 3D 渲染和 2D 绘制。它还提供了实时阴影、光照和特效等功能，以增强游戏的视觉效果。

6. 游戏互动形式

通过 Leap Motion 读取用户手部关节位置以及动作，在 Unity 引擎中构建提线木偶的提线，与读取到的手部位置信息进行连接，如图 5.3 所示。

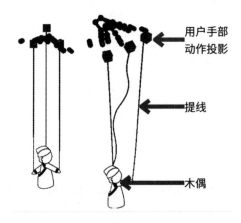

图 5.3　游戏互动形式

7. 最终设计效果展示

引用《梦游天姥吟留别》中的三句诗词创作关卡和场景。

关卡一：我欲因之梦吴越，一夜飞渡镜湖月（见图 5.4）。

以"一夜飞渡镜湖月"作为主题，描绘出湖中渡船的背景样式。第一关也是整体游戏的教学关卡，玩家需要动手操纵玩偶使其移动到船头虚线框位置并与之重合即可通关。

关卡二：脚著谢公屐，身登青云梯（见图 5.5）。

以"身登青云梯"作为主题，描绘出高耸入云的山体背景。第二关相较

图 5.4　关卡一

于第一关难度升高，玩家需要操纵提线木偶攀爬场景中的山体，到达山顶即可通关。

图 5.5　关卡二

关卡三：熊咆龙吟殷岩泉，栗深林兮惊层巅；洞天石扉，訇然中开（见图 5.6）。

以"洞天石扉"作为主题，描绘出光线暗淡的山洞内部背景，此为第三关的场景，当玩家控制主角走到洞穴右边时，地图将发生变化，地面塌陷，随时掉落，描绘出訇然中开的画面。

图 5.6　关卡三

8. 效果评估与案例总结

（1）用户体验反馈

用户反馈显示，游戏的互动性和教育性受到了高度评价。特别是用户表示通过游戏对提线木偶的控制和与诗句相关的关卡设计，他们能够更加深入地理解和欣赏中国的传统文化。

用户还提到，游戏中融合的传统美学和现代技术增加了他们对中国传统艺术的兴趣。

（2）教育效果评估

通过对玩家在游戏前后的问卷调查和访谈，我们发现大多数玩家在玩游戏后对提线木偶艺术有了更深的认识和理解。游戏提供了一个有效的平台，让玩家在娱乐的同时学习到关于提线木偶的历史和制作技巧。

游戏也激发了玩家对进一步探索中国其他传统艺术形式的兴趣。

上述结果强调了结合 Leap Motion 技术和 Unity 游戏引擎在游戏设计中的有效性，尤其是在教育和传播中国传统文化方面。通过这项研究，我们不仅创造了一个新颖的文化体验平台，也为未来类似项目提供了宝贵的见解和方法。

第6章　多感官设计在大运河文化
遗产中的应用

6.1　多感官设计概述

多感官设计是指设计师突破传统视觉推广模式所带来的局限性，从人体感官视、听、味、嗅、触感入手，多层次刺激消费者感官机能，使消费者认识产品，更加真实、有效地引导消费。大量心理学、生理学和行为学研究表明人的五感产生联觉反应后接收和处理的信息量是人体各自单一接受某种感觉所带来的信息量的数倍，并直接影响人的行为。这是人体器官联觉特性决定的。在飞速变化的信息时代，单一的传播模式不足以让消费者得到足够的信息量。

多感官设计是一种新型设计理念，已在商品设计、包装设计等众多领域应用。在广告中，感官设计已有不少探索，但大多停留在单一感官设计或简单的视听双感官设计层面。人脑是通过不同感官通道接收外界信息的，并没有将世界感知为碎片化的图像、声音等，而是将同一感官通道内的不同信息和不同感官通道的不同信息进行整合，形成整体的知觉，如图6.1所示。如果某个感官通道信息缺失或不协调，就会影响整体的知觉体验。

在深入探讨多感官设计的实践原则前，我们需要构建一个系统性的方法框架，以确保设计策略既普适又高效。这一方法的核心在于平衡与协调，旨

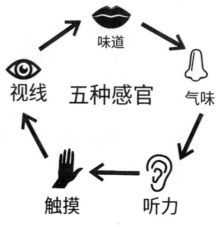

图 6.1 多感官设计

在通过精心策划的感官交互，创造出既引人入胜又符合目标受众需求的体验。首先，明确主导感官元素是设计过程的首要步骤。这要求设计师深入理解产品或服务的核心价值，以及目标受众的主要关注点，从而选择一种或几种感官作为信息传递的主要渠道。这一选择应基于充分的市场调研和消费者分析，确保设计的有效性和针对性。其次，要注重感官之间的相互作用与互补，这是多感官设计方法论的关键所在。设计师需要运用联觉理论，探索不同感官之间的内在联系，通过巧妙的组合与编排，实现信息的多维度呈现。例如，视觉与听觉的结合可以创造出更加生动的场景氛围；触觉与嗅觉的交融则能加深消费者对产品质感的感知。这种跨感官的协同作用，能够显著提升用户体验的丰富度和深度。设计师还需时刻关注消费者的实际需求和心理特征。这要求设计师在设计过程中保持高度的用户中心思维，确保所有感官刺激元素都符合目标受众的喜好和期待。通过不断测试与调整，设计师可以优化设计方案，使其更加贴近消费者的真实需求。综上所述，多感官设计的方法论强调平衡与协调、感官相互作用与互补、以用户为中心以及注重安全性与舒适性。这一方法论不仅适用于大运河文化遗产的数字化展示，也具有广泛的普适性，可应用于各类产品或服务的设计中，以创造出更加丰富、生动且符合用户需求的感官体验。

6.2　多感官设计在大运河文化遗产数字化中的应用

在多感官设计融入大运河文化遗产数字化保护与传播的过程中，其独特魅力与深远影响逐渐显现，为这一古老而丰富的文化遗产注入了新的活力与生命力。

视觉设计作为多感官体验中的基石，以其直观且强大的信息传递能力，引领着观众穿越历史的长河，近距离感受大运河的壮丽与深邃。高清影像技术与虚拟现实（VR）的巧妙结合，使得大运河的四季变换、沿岸风光、古建筑风貌以及珍贵文物以超乎想象的清晰度呈现于观众眼前。这些视觉元素不仅还原了历史的真实面貌，更通过艺术化的处理手法，赋予了它们新的生命与意义。观众仿佛置身于真实的历史画卷之中，每一次凝视都是一次与历史的对话，每一次浏览都是一次文化的洗礼。

为了实现这一视觉盛宴，可采纳多种先进的视觉表现手法。高清摄影与摄像技术能够捕捉大运河的每一个精彩瞬间，无论是波光粼粼的水面、古朴典雅的建筑，还是细致入微的文物细节，都被一一记录下来并转化为数字资产。这些高清影像不仅还原了历史场景的真实面貌，更以其卓越的画质为观众带来了身临其境的视觉体验。这种方法的核心在于精准捕捉与高质量呈现，为后续的数字化处理与展示奠定了坚实的基础。而虚拟现实技术则更进一步，通过构建三维模型与全景场景，为观众打造了一个可以自由探索的虚拟世界。在这个世界里，无论是漫步在古代的运河岸边，还是近距离观察珍贵的文物藏品，VR 技术都为他们提供了前所未有的沉浸感与交互性。观众可以随心所欲地穿梭于不同的历史时期与空间场景，感受大运河的变迁与文化的传承。

听觉设计作为多感官体验中的重要一环，也在大运河文化遗产的数字化展示中发挥着不可或缺的作用。多种精心挑选并录制好的原声素材，如水流声、船夫号子、市集喧嚣等，这些声音元素不仅还原了古代运河的生动场景，还激发了观众的听觉想象力。通过专业的音频处理与编辑技术，这些声音被赋予了更加清晰、逼真的质感，进一步增强了观众的沉浸感。它们与视觉元素相辅相成，共同构建了一个立体而丰富的感官世界。此外，专业的解说词与恰到好处的背景音乐也能够为观众提供更加全面而深入的体验：解说词以清晰、准确的语言来介绍大运河的历史背景、文化内涵以及展品的详细信息，背景音乐则以其独特的旋律与节奏引导着观众的情感走向，使他们在聆听的过程中产生共鸣与感动。

然而，多感官设计并不止于此。为了进一步提升观众的沉浸感与参与感，还可以巧妙地融入触觉设计的元素。触觉反馈技术能够在虚拟环境中模拟出文物的质感和纹理。观众只需戴上特制的触感手套或使用触摸屏等设备，便能在虚拟空间中"触摸"到这些珍贵的文物。这种虚拟触摸的体验不仅让观众感受到了文物的真实存在，还激发了他们对历史文化的浓厚兴趣与探索欲望。虽然在数字化环境中实现真实的触觉体验存在诸多挑战，但通过创新的技术手段进行尝试也能达到令人满意的效果。例如，利用触觉反馈技术模拟文物表面的质感与纹理细节；设计互动装置艺术如模拟古代船体结构的透明滑轨屏等让观众通过触摸与操作来感受历史的厚重与文化的魅力。这些触觉设计不仅丰富了观众的感官体验，还增强了他们的参与感与互动性，使他们在探索与体验中更加深入地理解大运河文化遗产的价值与意义。

多感官设计在大运河文化遗产的数字化保护与传播中展现出了其独特的优势与魅力。通过综合运用视觉、听觉、触觉等多种感官元素，设计团队成功地打破了传统展示方式的局限性，为观众创造了一个全方位、多层次的感官体验空间。这种创新的设计理念提升了观众的体验质量，加深了他们对大运河文化遗产的认知与理解。未来随着技术的不断进步和应用的不断深化，我们有理由相信，多感官设计将在文化遗产数字化领域发挥更加重要的作用，为保护和传承人类文明的瑰宝贡献更大的力量。

6.3　基于多感官设计的大运河文化遗产数字活化案例赏析

6.3.1　案例一：基于大运河非遗元素的文创设计——听·大运河

"听·大运河"是基于大运河沿岸城市中的独特非遗文化中的声音进行的声音可视化互动体验设计。参观者在活动区域自行弹奏一段音乐，观看大屏幕中展现出随着声音波动的动画，同时可以定制属于自己的声音小盒，感受来自大运河沿岸城市的独特声音。这种设计带领人们进行了一次穿越时空的城市体验之旅，可以唤起观众内心的情感，带来一种全新的感受和体验。

本设计选取北京二胡、苏州扬琴、杭州越剧琵琶、山东梆子、扬州昆曲笙、河北唢呐作为设计的核心元素，通过听觉与视觉的结合，将声音进行数字化的转换，利用"万花筒"的视觉表达与声音进行结合。声音小盒拥有五个乐器模块，每个乐器模块的外观都是根据参与者所弹奏的乐曲进行定制的，每个乐器模块在碰到底座之后都会播放由该乐器演奏的一段音乐。声音作为一种"时间机器"，有着唤起人们情感的作用，参与者在与声音小盒互动的同时，可回忆起当时弹奏的心情和场景，回味当时的心情。

1. 前期调研——大运河之声：曲艺与乐器

调研的第一站是北京。北京的大运河，作为中国历史文化的重要载体之一，不仅承载着数千年来的交通运输功能，更连接着丰富多彩的文化遗产。其中，京剧作为大运河沿线的重要非遗文化，以其独特的艺术表现形式和深厚的历史底蕴，成为这条历史长河上一道独特的文化风景线。

漫步在古老的胡同小路上，这里戏台随处可见，京剧的传统戏曲艺术在这些文化底蕴深厚的地方得以传承和展示。每当行人走过，耳边便会回荡起那古老而悠扬的京剧唱腔，宛如一场对历史的深情回顾和对传统的热情赞扬。

京剧的唱腔属于板式变化体，这种表演形式以其独特的曲调和音律风格，被誉为中国戏曲的代表。京剧的唱腔以二簧、西皮为主要声腔。京剧伴奏分文场和武场两大类，文场以胡琴为主奏乐器，武场以打击乐伴奏为主，我们选择了胡琴为代表乐器。这种古老的弦乐器以其悠扬的音色和宽广的音域，为京剧的表演增添了深厚的音乐底蕴和情感表达力。而武场则以打击乐器为主，如锣鼓、钹等，这些富有节奏感和冲击力的乐器，为武打戏中的动作和节奏带来了更加生动的表现。选择胡琴作为代表乐器，不仅因其在京剧中的重要角色和独特音色，更因其象征着中国传统音乐文化的精髓和传承。胡琴的音质清澈明亮，能够恰如其分地配合演员的唱腔和表演动作，为观众呈现出一幅幅生动而绚丽的艺术画面。

调研的第二站是河北。河北小调，是河北地区特有的民间音乐形式，其风格淳朴、情感丰富，常常以对生活、人情的真挚表达为主题。这种小调不同于其他地区的曲调，更多地表现出北方人热情真挚的性格和对生活深刻的感悟。在大运河的沿线，河北小调如同一条音乐的长河，连接着古老的村落和现代的城市，为这片土地增添了一种独特的文化韵味。

而与河北小调紧密相连的，是唢呐这一独特的乐器，如图 6.2 所示。唢呐是一种古老而神秘的民间管乐器，以其独特的音色和表现力在河北小调的演奏中扮演着重要的角色。其音色高亢悠扬，能够真实地表达出河北小调中所蕴含的情感和意境。唢呐的演奏常常伴随着河北人民的生活，无论是节日喜庆还是日常生活中的各种场合，都能听见唢呐的声音，这成为河北地区文化生活的一部分。

在大运河的历史长河中，河北小调和唢呐作为非遗声音的载体，不仅承载了地方文化的丰富内涵，也见证了这片土地上人们对艺术、对生活的热爱和追求。它们不仅仅是一种传统的音乐形式和乐器，更是河北人民文化认同和身份认同的象征。通过这些音乐的传承和演绎，人们能够更好地理解和感受河北地区丰富多彩的历史与文化，从而更加珍视和保护这些宝贵的非物质文化遗产。

调研的第三站是山东。山东梆子戏，作为山东省的传统戏曲剧种之一，

图 6.2　唢呐

承载着丰富的历史文化底蕴，是中国戏曲艺术的珍贵遗产。其源自山东西南地区的民间音乐和舞蹈，经过数百年的演变和发展，逐渐形成了独具特色的戏曲艺术形式。

梆子戏的音乐特色显著，以高亢激昂、节奏感强烈的旋律而著称。在表演中，梆子戏常伴有特色打击乐器，这些乐器与唱腔相辅相成，共同营造出独特的戏曲氛围。这种音乐风格不仅能够展现出山东地方的生活气息和人文精神，也能够深深地激发观众的情感共鸣。

除了音乐外，梆子戏的表演形式也极为丰富多样，技艺要求极高。它包含了唱、念、做、打等多个方面的艺术要素，演员需要在音乐节奏的引领下，熟练地运用身段、声音和表情来演绎角色和情节。这不仅考验了演员的功底和表演技巧，也需要他们深入理解和感悟角色内心世界，以达到艺术高度。

调研的第四站是扬州。扬州昆曲与笙的结合，展示了中国传统艺术的精湛和创新精神。在扬州昆曲中，笙作为一种重要的演奏乐器和表现手法，发挥了广泛而深远的作用。特别是笙曲《朝元歌》，它源自著名的昆曲剧目《玉簪记·琴挑》，是由徐超铭先生精心编曲的现代作品，深深融合了昆曲的经典韵味和笙这一古老乐器的独特音色。

《玉簪记·琴挑》作为昆曲中的经典之作，具有深厚的文化内涵和戏曲美学。它以细腻的唱腔和精妙的表演技巧，描绘了复杂的人物心理和情感变化。笙曲《朝元歌》在保留原作精神的基础上，通过现代笙的表现手法和音色特点，重新诠释了昆曲的韵味和特有的艺术魅力。这首曲目不仅仅是对传统的致敬，更是对昆曲艺术的深刻理解和再创作。

笙（图6.3）作为古老的管乐器，在昆曲中扮演着独特的角色。其音色清悠婉转，能够精准地表达角色内心的情感和情绪变化。《朝元歌》利用笙的音色特点，巧妙地展现了昆曲"一唱三叹"的表演技法，即在唱腔中通过音乐上的停顿和情感的表达，深刻勾勒出人物的心理活动和情感体验。这种表现手法不仅使作品更具戏剧性和感染力，也进一步拓展了笙在昆曲中的艺术边界和表现空间。此外，笙曲《朝元歌》还通过现代化的编曲和演绎方式，将昆曲的韵味和情感传递给当代观众。它既传承了昆曲的传统美学，又以全新的形式和内容回应了现代审美和文化需求。这种跨时代的艺术延续，使得《朝元歌》成为昆曲文化的一部分，也为笙这一古老乐器赋予了新的生命和意义。

图6.3　笙

调研的第五站是苏州。苏州评弹作为江南地区独特的戏曲形式，以其细腻的表演和富有地方特色的音乐伴奏而闻名。在这个艺术形式中，扬琴作为重要的伴奏乐器之一，扮演着不可或缺的角色。扬琴以其清脆悠扬的音色和丰富的表现力，与苏州评弹的表演风格紧密契合，共同营造出动人心弦的音乐氛围和艺术美感。在苏州评弹的表演中，扬琴清脆悠扬的音色不仅仅是音乐的背景，更是情感表达的重要工具。扬琴演奏者通过精湛的技艺，如单竹、双竹、拨弦、轮竹等技巧，能够灵活地调整音色和节奏，以更好地配合不同曲目的节奏和情感要求。

扬琴（图6.4）在苏州评弹中不仅是音乐的一部分，更是文化传承和艺术表达的重要载体。它以独特的音色和演奏形式，丰富了苏州评弹的表现手段和艺术内涵，为观众带来美妙的听觉享受和情感体验。

图6.4　扬琴

调研的第六站是杭州。越剧作为中国戏曲中的重要流派之一，以其独特的表演风格和音乐特色深受观众喜爱。在越剧的演出中，琵琶（图6.5）作为一种常见的伴奏乐器，发挥着不可或缺的作用。特别是在杭州越剧的表演中，琵琶常常作为主奏乐器之一，与越胡、二胡等乐器共同组成伴奏乐队，共同营造出富有韵味和感染力的音乐氛围。

琵琶以其独特的音色和灵活的演奏技巧，为越剧的演唱和表演提供了丰富的音乐支持和情感表达。其音色柔和清亮，能够精准地表达各种情感，营造多种氛围，为剧中人物的心理状态和情感变化提供了深刻的音乐描绘。在越剧的音乐编排中,琵琶常承担演奏主旋律的任务,其优雅而悠扬的旋律使得观众更能够深入体会到戏曲人物内心的复杂与深情。除了在主旋律上的表现,琵琶在越剧的伴奏中也起到了承上启下、穿针引线的重要作用。它与其他乐器的合奏,不仅增添了音乐的层次和丰富度,还通过音乐的对话和交互,为戏剧性场面的展开提供了有力的支持。在情节转折或人物情感高潮的表现中,琵琶的演奏往往起到了画龙点睛的效果,使得整个演出更加生动和感人。

图 6.5   琵琶

2. 技术实现——音乐可视化:Processing 与 TouchDesigner

音乐可视化,是指一种以视觉为核心,以音乐为载体,以大众为诉求对象,借助多种新媒体技术等传播媒介,通过画面、影像来诠释音乐内容的、视听结合的大众化传播方式。它能为理解、分析和比较音乐艺术作品形态的表现力和内外部结构提供一种直观视觉呈现。音乐可视化作为一种多媒体技术,将音乐与视觉艺术结合,以新颖的方式呈现给大众,旨在通过画面和影像,深化人们对音乐作品的理解和体验。它不仅仅是简单的视听结合,更是一种能够传达音乐内在情感和形态的表现手段。

音乐可视化以视觉为核心,通过图像、动画、视频等媒体形式,将抽象的音乐内容转化为具象的视觉表现。例如，通过色彩、形状、动态效果等元素的运用，能够直观地展现音乐的旋律、节奏和情感色彩。这种视觉化的处理方式，使得音乐作品不再仅停留在听觉上的感受，还能通过视觉呈现，增强观众的感知深度和互动体验。

音乐可视化以音乐为载体，是对音乐艺术作品形态和结构的一种解读和表达。通过将音乐的节拍、音符、和弦等要素转换为视觉元素，让观众可以更直观地感受到音乐的节奏变化和和谐构成。这种直观的视听结合，不仅有助于理解和分析复杂的音乐作品，还能够促进对音乐表现力和内在逻辑的深入思考和探索。

音乐可视化以大众为诉求对象，通过新媒体技术的广泛应用，实现了音乐艺术的大众化传播。在数字化和互联网时代，人们对于视觉信息的接受程度和需求日益上升，音乐可视化正是借助于这一趋势，将传统的音乐表达方式与现代视觉艺术相结合，为观众提供了更为多样化和丰富化的文化消费体验。

本设计通过 Processing 生成了多个图案，以实现声音的可视化，如图 6.6、图 6.7、图 6.8 所示。这些平面图形有实时浮动的圆点、随声音起伏的曲线、类似唱片的圆形图案，每一个图案都精心设计，旨在通过视觉呈现音频的动态特征和情感表达。参观者可以直观地观察到这些图案如何随着声音的变化而变化，例如，当音乐的节奏加快时，圆点可能会跳动或移动更迅速；而曲线则会根据音量的大小而起伏不定，形成一种生动的视觉节奏感。这种实时的互动体验，不仅丰富了观众的视听感受，也增强了他们对音乐结构和节奏的理解。

这些图案还将用于定制个性化的音乐玩具。通过将这些视觉效果与实际的音乐玩具结合，为用户提供定制化的体验，让他们能够通过自己的音乐表达方式来设计和创建独特的玩具。这些图案展示了艺术和科技相结合的潜力，为现代艺术与互动媒体的融合开辟了新的可能性。

图6.6　音乐可视化效果（1）

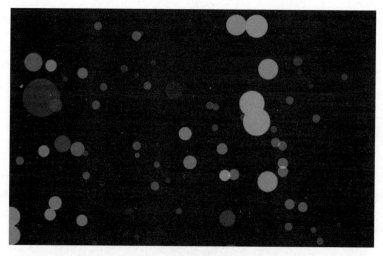

图6.7　音乐可视化效果（2）

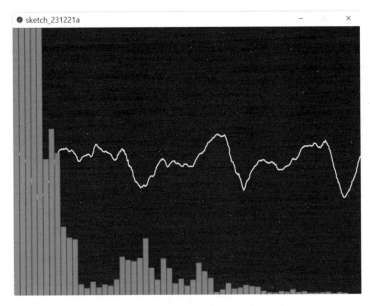

图 6.8　音乐可视化效果（3）

除了 Processing，本设计还整合了 TouchDesigner 来进一步探索声音可视化的可能性。在展览的特定空间，参观者演奏乐器产生的音波被我们的程序接收，并即时转化为动态变化的视觉图形，从而深化观众对音乐表达形式的理解和感知，如图 6.9 所示。

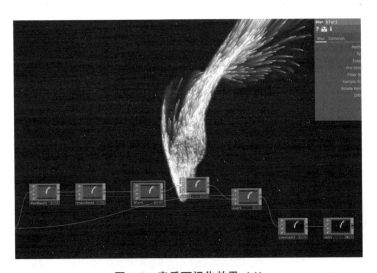

图 6.9　音乐可视化效果（4）

TouchDesigner 作为一款强大的数字设计工具，在实时环境中提供了广泛的创作空间和实现数字创意的能力。TouchDesigner 的主要特点之一是其直观而功能强大的界面，使用户能够轻松地组合、连接和控制各种数字元素。这使得艺术家和设计师可以尽情发挥他们的创造力，从而创造出令人惊叹的视觉效果和互动体验。无论是动态图形的生成、虚拟现实的体验、交互式艺术装置的设计还是数字营销内容的创作，TouchDesigner 都提供了丰富的工具和资源，支持复杂而精美的数字艺术项目的实现。

3. **模型制作**

在模型制作的过程中，本设计分为三个关键步骤来确保设计的完整性和功能性。

首先，草图阶段。绘制详细的草图，并设计模型的使用场景和使用流程，如图 6.10 所示。这一步是为了确保在后续的设计和制作过程中有清晰的方向和目标。

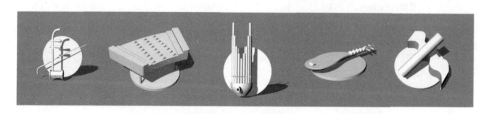

图 6.10　草图建模

其次，建模和 3D 打印阶段。根据初步草图进行具体的建模工作，并利用 3D 打印技术将设计变为现实，如图 6.11 所示。在这个阶段需时刻关注模型的外观、结构以及技术可行性，确保最终的产品能够准确地表达设计意图。

最后，模型的组装和试用阶段。将各个组件组装在一起，并进行初步的测试和调试。这一过程不仅包括功能性的测试，还涉及交互过程的设计优化，确保用户能够轻松理解和操作模型。

4. **程序编写**

代码基于 Arduino 平台的音频播放示例代码，用于创建基于触发器的音频播放系统，如图 6.12 所示。其中，digitalRead(sensorPin1) = =HIGH ‖ digi-

图 6.11　3D 打印模型

talRead(sensorPin2)= =HIGH 这一行代码用于判断两个传感器的状态是否为高电平（即接触状态）。player. play( )；表示如果任一传感器处于接触状态，调用 player. play( )开始播放音频文件。player. stop( )；表示如果两个传感器都未接触，调用 player. stop( )停止播放音频文件。

```
#include <Arduino.h>
#include <Audio.h>
// 导入Arduino音频库
// 定义音频文件路径
const char* soundFile =
"your_audio_file.mp3";
// 替换为您的音频文件路径
// 定义传感器引脚
const int sensorPin1 = 2;
const int sensorPin2 = 3;
// 初始化音频播放器
AudioPlayer player;
void setup() {
 // 初始化传感器引脚为输入模式
 pinMode(sensorPin1, INPUT);
 pinMode(sensorPin2, INPUT);

 // 初始化音频播放器并加载音频文件
 player.begin(soundFile);
}
void loop() {
 // 检查传感器是否接触
 if (digitalRead(sensorPin1) == HIGH || digitalRead(sensorPin2) == HIGH) {
  // 如果传感器接触，播放音频文件
  player.play();
 } else {
  // 如果传感器未接触，停止播放音频文件
  player.stop();
 }
}
```

图 6.12　程序代码

5. 成果展示

参观者在相关展厅通过演奏乐器产生声波,再由我们的程序接收,进而转变成实时变动的图形。

此外,我们还通过编程使用 Processing 生成多种图案,以实现声音可视化。这些平面图形有实时浮动的圆点,也有随着声音进行上下起伏的曲线,还有类似唱片的环状图案,如图 6.13 所示。参观者不仅在演奏时可以看到这些图案,这些图案也将用于个性化音乐玩具定制。

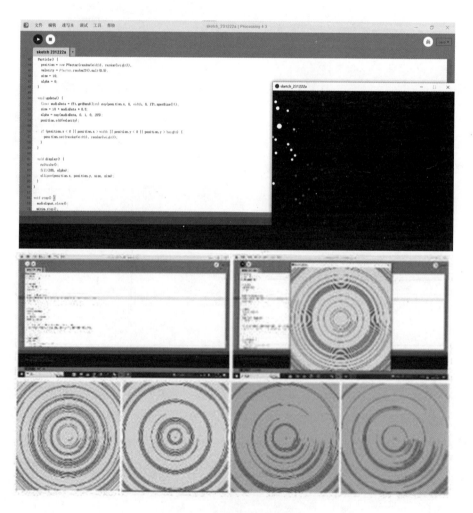

图 6.13 音乐可视化展示图

6.3.2　案例二：基于大运河非遗的多感官设计——心情鼻烟壶

本产品设计的目的是缓解年轻人日益增加的心理压力，利用多感官技术与大运河非遗相结合的方式来实现最终目标。本设计将主要用到嗅觉系统进而使得用户通过闻到相应的气味，在想象中进入相应的环境，进而达到休息的目的。

1. 前期调研——鼻烟壶

大运河非遗中的鼻烟壶是中国传统手工艺的重要组成部分，代表着这一地区丰富的非物质文化。鼻烟壶作为一种小巧的烟草容器，通常由陶瓷、玉石或金属等材质制成，如图 6.14 所示。

图 6.14　鼻烟壶

鼻烟壶的制作工艺源远流长，需要多道复杂的手工工序，如精细的雕刻、精湛的刻画和高温的烧制，这就要求制作者必须具备高超的手工技艺。这些技艺往往由老师傅传授给徒弟，通过口耳相传，保持着技艺的传承。

鼻烟壶的设计风格极为多样，常融入中国传统文化、历史传说和自然景观等元素。有些鼻烟壶或雕刻有传统人物形象，或描绘山水画面、花鸟图案，展示了中国传统艺术的独特魅力。

从历史渊源来看，鼻烟壶与中国封建社会和宫廷文化密切相关。在古代，尤其是清朝时期，嗅食烟草成为一种重要的社交礼仪，鼻烟壶因此盛行。它不仅是一种实用工具，更是身份和地位的象征。

也正因如此，如今的鼻烟壶不仅仅是一件工艺品，更蕴含着丰富的文化内涵。制作者常通过鼻烟壶的设计传递文化、艺术以及哲学等多方面的思考，使其成为一种传达深刻思想的艺术品。

在大运河地区，鼻烟壶尤其是内画鼻烟壶的制作被认定为非物质文化遗产，需要进行传承和保护。各种相关的非遗传承项目和活动对于保存这一传统手工艺至关重要，通过培训新一代手艺人，确保其在未来得以传承。这些努力不仅有助于保护鼻烟壶这一独特的文化现象，也为文化多样性的维护和发展做出了重要贡献。

2. 用户需求分析与竞品分析

在情感健康需求方面，消费者越来越注重心理健康，期望通过产品获得情感上的宽慰和调解。心情鼻烟壶可以作为一种情感调节工具，满足用户对愉悦香氛的追求。

在个性化体验需求上，用户希望通过产品展现个性和独特的生活方式。心情鼻烟壶通过智能化手段释放香味，满足了用户对于个性化体验的期待，同时为用户提供了独特的使用感受。

在技术体验需求方面，用户对于智能科技的接受程度较高，他们期望产品能够稳定、灵敏地感知用户自身的心率和呼吸频率，并以精准的方式和时机释放香味，从而达到更好的情感调节效果。

目前，市场上已经存在一些与心情鼻烟壶类似的产品，但大多数仍停留在传统的香氛产品层面，缺乏智能化的心情感知和个性化体验功能。心情鼻烟壶在智能化技术上具备独特的优势，通过心率和呼吸频率的智能感知，能够更准确地判断用户的心情，为用户提供更个性化、精准的香气释放体验。

3. 设计方案构思

心情鼻烟壶是一款结合现代科技和传统文化的创新产品，它通过检测用户的心率和呼吸频率，智能释放相应的香味，旨在提升用户的心理健康和生活品质。这项设计的核心理念在于通过多层次的感官刺激，特别是嗅觉，来缓解当代年轻人面临的压力和焦虑。

心情鼻烟壶采用的技术能够实时检测使用者的心情状态，并相应地释放特定的气味。通过这种智能感知，提供一种独特而愉悦的体验，帮助人们放松身心，缓解日常生活中的紧张情绪。

鼻烟壶气味的设计源于大运河沿线的代表性城市，旨在将用户带入一个充满历史和文化底蕴的香氛之旅。每一种气味都精心调配，以还原特定城市的独特风情，使用户在享受香气的同时，亦能沉浸于对各城市独有韵味的领略。通过心情鼻烟壶，希望不仅能传承鼻烟壶这一传统工艺，更能够满足现代社会对于身心健康和文化体验的追求，为人们提供一场感官与情感的奇妙之旅。设计草图如图 6.15 所示。

图 6.15　设计草图

产品模型样例选自大运河沿线具有独特特点且广为人知的城市，未来将作为一个系列不断扩展与开发。每个城市都将对应特定的香氛和鼻烟壶纹样，以丰富产品线。用户不仅可以在现有系列中选择，还可以自行设计并 DIY 他们想要的纹样，这旨在进一步传承鼻烟壶的非遗内画技艺。

该产品配备环境传感装置，能够实时监测室内的湿度、温度等数据，并将这些信息与四款地域香氛进行匹配。系统会推荐最适合当前室内环境的香氛，并在清晨、傍晚或用户设定的时间释放香氛，以营造逼真的环境模拟效果。除了自动环境模拟外，用户还可以通过产品台上的四个按钮自主选择释放香氛，每个按钮对应一种香氛。这种设计不仅提供了便利的环境调节功能，还增强了用户对居家环境的控制感和选择的个性化。通过结合传统的鼻烟壶艺术与现代科技，产品旨在为用户带来一种融合了艺术与生活的全新体验。

在香味的搭配上，北京的香氛以清隽温润的柠檬檀木雪松为基调，从清新到清润，重在书一个"清"字，体现了北京秋高气爽的氛围。檀木的威严与温润相结合，巧妙地勾勒出古城的气派与威严，令人感受到一种留白的意境美。

杭州的香水则以江南采茶女子忙碌欢快的情景为灵感。香水前调带有微酸的柑橘，迅速散发出淡雅香醇的龙井茶香，仿佛是青嫩茶叶泡出的清新味道。茉莉花与晚香玉露的混合香气，使整体香氛更显幽雅与恬静，仿佛置身于静谧的茶香世界。

山东香水以青岛的海洋和多汁水果为灵感源泉。前调结合了海盐与柠檬，中调融合了菠萝与黑加仑的清甜，后调则以琥珀、麝香与橡木苔营造出深邃而温暖的氛围，令人仿佛置身于海滨与水果香的交织之中。

天津的香水前调是清新的绿叶香气，如同漫步在天津的公园，感受到清晨的宁静。中调是牡丹花，五香粉调，胡椒与茶叶。牡丹花是天津的市花，为香水注入一抹花香，寓意着繁荣与美好；借鉴天津的传统五香粉调，带有淡淡的中式香料味道，既典雅又富有层次感；胡椒烘托出一份微妙的辛辣感，茶叶的淡雅使香水更加复杂而柔和，展现出天津古老文化与现代都市的和谐交融。后调是沉香木与檀香，清甜的桂皮和香草。天津的古老建筑如古文化一样悠久，沉香木与檀香为香水增添沉稳的基调，代表着历史的沉淀。桂皮的清香与香草的甜美相结合，为香水留下一抹温暖而宽厚的回味。这些香水不仅是气味的复合体验，更是对地域文化与氛围的艺术表达，带来身临其境的感官享受与情感共鸣。心情鼻烟壶效果图如图 6.16 所示。

图 6.16　心情鼻烟壶效果图

第 7 章　情感量化设计在大运河文化遗产中的应用

7.1　情感量化设计概述

情感量化在文化遗产数字活化中展现出显著的优势，它以独特的方式将文化遗产的深厚底蕴与现代科技的创新力量相结合，为文化遗产的活化利用注入了新的活力与魅力。捕捉并强化文化遗产所蕴含的情感元素，使数字化的文化遗产不再是冷冰冰的数据堆砌，而是成为能够触动人心、引发共鸣的文化体验。这种设计手法能够深入挖掘文化遗产背后的历史故事、人文情怀和民族精神，通过数字技术的呈现，观众能在沉浸式的体验中感受到文化遗产的温度与灵魂。

7.1.1　情感三维模型

情感三维模型，即 PAD 模型，是心理学领域的一项重要成果，最初由美国心理学家 Russell 于 1980 年初步构想，后经 Mehrabian 在 1994 年深化发展为 PAD 三维情感模型。该模型以其简洁而深刻的维度划分，成为情感识别、计算与生成领域的基石。PAD 模型通过三个核心维度——愉悦（Pleasure）、唤醒（Arousal）与支配（Dominance），精准地刻画了情感状态的多元面貌。

愉悦维度（P）衡量的是情感的积极或消极倾向，从悲伤、沮丧的负向情感，跨越至快乐、满足的积极体验，它直接反映了情感的正负价值，是理解情感色彩的关键。唤醒维度（A）则聚焦于情感的唤醒程度，从冷静、安详的低唤醒状态（负值），到兴奋、愤怒的高唤醒状态（正值），揭示了情感表达的强度。而支配维度（D）则描述情感的支配程度，触及情感的自我控制层面，从被动、失控的无力感（负值），到主动，包括自信、决断、自制的掌控感（正值），展现了情感中个体对自我及环境的调节能力。

这三个维度相互交织，共同构成复杂的情感世界。PAD 模型不仅有助于科学界深入理解人类情感的内在机制，也为人工智能领域的情感计算与交互提供了坚实的理论基础。通过 PAD 模型，我们能够更加精准地识别、分析并生成情感，从而在人机交互、心理咨询、教育娱乐等多个领域实现更加自然、智能的情感交流体验。

7.1.2　生理测量方式

1. 皮肤电、心电测量

生理测量方式中的皮肤电测量方式，也称为皮肤电反应（Galvanic Skin Response，GSR），是一种测量人体皮肤电生理活动的技术，主要用于反映皮肤导电性的变化。心电活动，作为衡量心脏在每个心动周期中电生理变化的关键指标，通过放置在四肢及胸部的成对电极捕捉。这一监测手段在用户体验研究中展现出独特价值，其优势在于提供了卓越的时间分辨率与高度的敏感性，使得研究者能够细致地追踪情绪波动与心理负荷的微妙变化。在用户体验方面的研究主要集中在：心率变化常被视为情绪体验的灵敏指示器，能够迅速响应被试者的情绪起伏；而心率变异性则进一步揭示了心理负荷的动态调整过程，为评估个体的心理紧张度提供了重要依据。尽管心电测量在准确性与实时性上表现优异，但其解读与应用亦存在局限。首先，单一的心电指标虽能有效反映情绪唤醒程度，但在复杂情感状态或心理状态的全面剖析上显得力有不逮，往往需要结合其他生理参数或行为数据进行综合判断。其次，心电信号的采集易受外界干扰，尤其是受试者的肢体活动，可能引入噪声，影响数据质量与分析结果的准确性。因此，在实际应用中，需采取适当措施减少干扰，如确保测试环境安静稳定、指导受试者保持相对静止等，以提高心电监测的可靠性与有效性。综上所述，心电活动作为研究用户心理与情绪状态的有力工具，其优势显著但亦需正视其局限性，通过科学的方法与严谨的态度加以利用与解读。

皮肤电测量的基本原理：当人体受到内外刺激或情绪变化时，皮肤的导电性能会发生变化。这种变化主要由汗腺分泌引起的电解质浓度变化所造成。具体来说，当人们感到紧张、兴奋或恐惧时，自主神经系统中的交感神经会促使汗腺分泌增加，汗液中的电解质（主要是钠离子和氯离子）使得皮肤表面的导电性增强，因此皮肤电阻下降。

皮电测量在虚拟仿真驾驶座舱实验教学中的应用：虚拟仿真驾驶座舱评测是汽车人机交互设计中的重要一环。依托汽车交互实验室的研究背景和条件，在主观和行为测量基础上，将皮电测量引入用户体验，在整个设计流程中加入实验部分并进行可用性评测。以评测车载多屏互动音乐系统为例，在驾驶仿真台架上完成两种设计方案实验评测。

实验表明，使用中控触屏的皮电高于使用方向盘按键，即使用中控触屏的心理负荷更低，结果与中控触屏系统可用性量表分值更高且任务用时更短趋势一致，说明皮电测量与主观和行为测量结合能有效评测汽车人机交互界面设计的可用性。通过此案例掌握皮电测量评测方法，为本课题研究奠定基础。

2. 脑电

脑电信号（EEG）作为大脑神经元放电活动的直接反映，是情绪识别研究中的重要工具。它通过记录头皮表面电极与参考电极间的电压变化，捕捉大脑活动的电生理指标。脑电信号分为自发脑电与诱发脑电两类，前者反映神经系统在无外界刺激下的自然状态，后者则揭示感官刺激引发的特定电位变化。

脑电信号的采集常采用非侵入式方法，尤其是干电极与湿电极技术，虽各有优劣，但均致力于提升信号采集的稳定性和受试者的舒适度。

脑电信号的采集过程，作为一项关键技术，通常依赖于物理电极在头皮上的精确放置。出于安全性的广泛考量，非侵入式采集方法成为主流选择。在这一大类方法中，根据采集设备的差异，可细分为湿电极与干电极两种采集方式。湿电极采集技术，通过在电极与大脑皮层间引入导电介质，有效降低了电阻干扰，从而确保了信号采集的稳定性。然而，这种方法的局限性也显而易见：导电介质的易耗性限制了其长期使用，同时，头皮上涂抹的黏稠电解质也给被试者带来了不舒适的体验。相比之下，干电极采集技术则摒弃了导电介质的使用，不仅减轻了受试者的不适感，还促进了脑电采集实验的便捷性与脑电可穿戴设备的广泛应用，如图 7.1 所示。尽管如此，干电极技术也面临着挑战，即电极与头皮间接触的不灵敏性可能引入更多干扰，导致采集到的信号强度减弱，进而给后续的特征提取阶段增加了分析难度。

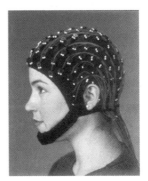

图 7.1　脑电采集示意图

　　在采集过程中，电极布局遵循 10-20 系统标准，确保覆盖大脑不同区域以全面捕捉脑电活动。然而，原始脑电信号常受环境噪声、眼动、肌肉活动等因素干扰，需通过预处理步骤剔除这些噪声，以获得纯净信号用于后续分析。特征提取是情绪识别的关键，旨在从高维脑电数据中提取出与情绪紧密相关的低维特征，这些特征包括时域、频域、时频及非线性特征，其质量直接影响情感识别模型的性能。

　　在实际应用中，脑电波谱分析尤其是 α 波、β 波的变化，被广泛用于评估情绪状态、注意力集中程度及心理负荷等。例如，α 波在注意力集中时表现出特定变化，而 β/α 波能量比值则作为衡量心理负荷的有效指标。此外，

额叶 α 波的不对称性还被视为情绪调节能力的标志。脑电测量常与其他技术如眼动技术结合，以提供更全面的用户体验分析。

尽管脑电测量在情绪识别中具有直接、时间分辨率高及精准描述生理反应等优点，但其操作复杂，需佩戴专业电极帽，准备时间长，且易受磁场干扰，需在专业实验室环境下使用专业软件进行分析，这些不足限制了其更广泛的应用。

3. 面部表情

面部表情识别技术，作为一项旨在赋予计算机与机器人理解并表达人类情感的创新探索，其初衷是希望计算机和机器人能够像人类那样具有理解和表达情感的能力，从根本上改变人与计算机之间的关系，使计算机能够更好地为人类服务。人脸表情识别，作为这一技术体系的核心环节，是指从给定的静态图像或动态视频序列中分离出特定的表情状态，从而确定被识别对象的心理情绪，实现计算机对人脸表情的理解与识别，从而实现更好的人机交互，属于跨学科领域以人机交互为目的的识别计算机科学，这一过程，不仅是对人脸表情复杂性的深度剖析，更是计算机科学、心理学等多学科交叉融合的典范。

面部表情分析技术的工作原理深度集成了多种先进算法与人工智能技术，首先运用 Viola-Jones 等高效算法精准定位人脸位置，随后基于面部超过 500 个关键点的精确捕捉与对脸部结构的深入分析，构建起详尽的人脸三维模型。这一模型为后续的面部表情分析奠定了坚实基础。进一步地，AI 深度学习技术被引入，即便在面部部分遮挡的情况下，也能实现表情的精准识别。随后，通过人工神经网络，系统能够自动将捕捉到的表情细分为基本表情、自定义表情等多个类别，并同步分析头部朝向、视线方向、个人特征、唤醒与效价状态、面部动作单元活动情况，甚至能间接推测心率、饮食行为，并记录音视频资料，全方位解析受试者的情绪状态。

该技术首先通过人脸图像检测与定位技术，在输入图像中精确锁定人脸区域，这一过程既可采用统计方法将人脸视为高维向量进行信号检测，也可依据先验知识构建规则进行假设验证。随后，依据图像性质的不同，从静态与动态两个维度提取表情特征，确保信息的丰富性、易提取性及稳定性，有效抵御光照变化等外界干扰。

表情识别方法上，该技术融合了模板匹配、神经网络、概率模型及支持向量机等多种策略，各有侧重，共同提升识别的准确性与鲁棒性。其特点优势显著：非接触式观察模式结合网络摄像头，实现了对受试者情绪的客观、准确且无偏差测量，全程无需校准，避免了对受试者的干预；同时，系统支持数据导出与多程序整合，便于与行为观察记录分析系统等其他工具无缝对接，形成综合性的行为分析解决方案。ErgoLAB 人机环境测试云平台如图 7.2 所示。

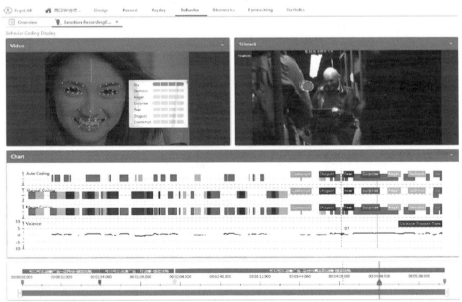

图 7.2　ErgoLAB 人机环境测试云平台

4. 眼动

眼动追踪技术，是通过测量眼睛的注视点的位置或者眼球相对头部的运动而实现对眼球运动的追踪。眼动技术是使用眼动仪（图7.3）记录眼球运动过程中的一系列时间和空间维度的生理性指标，并通过分析这些指标来探究心理活动的技术。随着技术的演进，眼动追踪的发展经历了从简单观察法到机械记录，再到先进的光学记录法的深刻变革，当前广泛采用的角膜反射法、巩膜-虹膜边缘法及瞳孔-角膜反射向量法，更是将这一技术的精确性推向了新的高度。其中，瞳孔-角膜反向量方法以其独特的原理成为业界常选的技术路径。该方法巧妙利用红外线光源照射眼睛，随后通过高灵敏度摄像机捕捉从角膜和视网膜反射回的红外光线。鉴于眼球独特的生理构造，即便在光源与头部相对位置固定的情况下，角膜反射形成的普尔钦斑也保持相对稳定，而视网膜上反射光线的方向则直接映射出瞳孔的朝向。这一过程中，光源光线穿透瞳孔射入眼底，随后经视网膜反射再从瞳孔射出，形成可观测的光线轨迹。基于角膜反射光线与瞳孔反射光线之间的角度关系，科学家们能够精确计算出眼球运动的方向与幅度，从而深入剖析受试者在不同情境下的视觉注意力分配与心理活动状态，为情绪测量及心理研究提供了宝贵的实证依据，如图7.4所示。

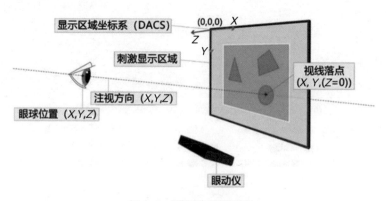

图 7.3　眼动仪使用示意

在进行眼动测量以探究情绪反应或认知过程时，实验前的准备工作至关重要。首先，需确保所有光学元件——眼动传感器、镜头及红外光源的清洁无尘，随后启动记录模块与电脑，并在平板电脑或计算机上加载如 Tobii Pro Glasses Controller 等专业的眼动追踪软件。利用网线或无线网络，稳固连接记录单元与数据处理终端。准备就绪后，启动眼动仪，为受试者佩戴好眼镜式眼动设备，并在软件中创建新记录以对应每位受试者。

实验过程中，受试者开始执行预设任务，而眼动仪则悄无声息地捕捉着他们的眼球运动轨迹。待所有受试者完成任务，通过眼动控制软件及时停止记录，随后在记录列表中仔细核查并回放数据，确保无误后关闭记录模块。这一流程确保了数据的完整性和准确性。

1 眼动仪包含眼动相机、发光源以及处理器。

2 发光源向眼睛发射近红外光线。

3 眼动相机采集眼睛以及近红外反射点的高清图像。

4 最后通过图像识别、机器学习和数学模型算法来确定被试眼睛位置和注视方向。

眼动点

图 7.4　眼动仪工作原理

眼动仪产品种类繁多，主要可归为四大类：高精度的桌面型、便携灵活的遥测式、轻盈可穿戴的眼镜式以及融合虚拟现实的头盔式。其中，遥测式眼动仪，通常是一种吸附于屏幕下方的长方形设备或者与屏幕结合的一体机设备。这类仪器通过算法解析眼动相机捕获的眼睛图像，结合设备相对于屏幕的位姿信息，精确计算出受试者的注视点位置。整个测量过程严谨而高效，为情绪与认知科学研究提供了宝贵的量化依据。

眼镜式眼动仪的工作原理与遥测式类似，通过穿戴在眼睛周围的设备采集眼动信息，如图 7.5 所示。一般该类型的眼动仪都自带场景摄像头和离线处理设备。离线处理单元计算注视方向向量，结合眼动仪相对于场景相机采集视野坐标系的位移和旋转，通过坐标系转换，得到受试者相对于场景图像坐标系的注视位置。

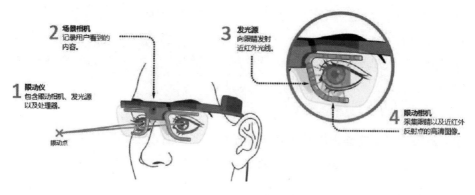

图 7.5　眼动仪佩戴示意

眼动测量指标如表 7.1 所示。

表 7.1　眼动测量指标

眼动指标	指标含义
回视次数	已经对某个区域注视过，但对其进行再次注视。如果具有较高的该指标，则说明该区域其具有较高的重视程度
注视点数量	总注视点数与搜索绩效相关联，较大数量的注视点表明低绩效的搜索
首次注视时间	指被试从刺激开始查看特定兴趣区所需的时间
平均注视时间	每个注视点上，个体的注视时间。如果该指标较高，则说明对该区域具有较高的兴趣
注视转换频次	在事先已经确定的视觉区域内，研究对象在该区域内的转换次数
视点数量	对目标进行观察的时候停留的注视点数。如果该指标较大，则说明对该区域兴趣较高，也可能说明具有较高的认知难度
瞳孔大小	用户观察努力程度可通过对其瞳孔情况进行分析，比如频率和变化等，如果具有较大的变化，则说明该区域其具有较高的兴趣
兴趣区域	某个区域让用户有较高兴趣。可对视觉规律进行展示区分
眼跳次数	扫视点和注视点的数量。如果具有较高的该指标，则具有较高的复杂性，此时用户会容易有疲惫的感觉出现
眼跳幅度	注视点间的距离。如果具有较大的该指标，则具有较小的认知负荷，此时用户在对兴趣区域进行寻找的时候会更加容易
眼跳轨迹	根据眼睛的注视位置和时间信息，即眼睛看的哪里、什么时候看的，我们可以生成一个注视序列，用可视化的方式表示出来就是眼跳轨迹

续表

眼动指标	指标含义
每个感兴趣区域注视点数	由于感兴趣的区域注视点和被凝视比率之间具有着较为紧密的联系，所以可以研究在不同的任务模式下，研究对象对于不同凝视点的观察频率
每个感兴趣区域的平均凝视驻留时间	特定元素被凝视的时间直接表示被测试区域的受关注程度
热区图	热区图是眼动数据的常见的表现形式，它能直观反映被试对测试材料各个区域的关注程度。热点图用颜色深浅表示用户的注视情况，常用注视点数量和注视点时间作为热点图指标

注视指眼睛在某个特定的点上停留一段时间。注视是评估信息搜索过程中最相关的一种眼动指标。通过注视点，可以清晰地知道用户搜索的内容以及用户关注的兴趣区域（Area of Interest，AOI），AOI 内的注视点数量、注视时长、注视位置等变量，可用于研究用户的浏览行为模式、相关性判断以及用户感兴趣的页面元素、页面设计的可识别性等，能反映受试者信息搜索和浏览过程特征。扫视是指眼睛在注视点之间的快速移动或延续。扫视路径是指眼睛在注视点之间快速移动形成的轨迹。瞳孔扩张主要用于揭示用户浏览内容时的兴奋或兴趣，是分析受试者认知过程的重要眼动指标：当受试者注视到感兴趣的目标，通过瞳孔扩张反映其对目标物的出现感到兴奋，从而看出受试者的情绪变化。

7.2　情感量化设计在大运河文化遗产数字化中的应用

在数字化浪潮席卷全球的今天，文化遗产的保护与传承面临着前所未有的机遇与挑战。在这一背景下，情感量化设计作为一种创新的设计策略，正逐步融入大运河文化遗产的数字化进程中，以其独特的魅力与力量，提升了用户的情感体验与文化参与度，为文化遗产的保护与传承开辟了新的路径。

传统情感设计往往局限于主观情感的定性评估，而情感量化设计则通过科学的手段，如眼动、面部表情等多元化数据收集方式，系统性地量化用户的情感体验与需求。这种转变不仅呼应了 Donald Arthur Norman 教授与日本感性工学所倡导的三个设计层次——本能设计关注直观感受、行为设计强调使用体验、反思设计注重情感共鸣与记忆构建，更在大运河文化遗产的数字化进程中展现了其独特价值。

情感量化设计在大运河文化遗产数字化中的应用，始于对用户情感需求的深入洞察。为了准确捕捉用户对于大运河文化遗产的情感态度与期待程度，设计团队采用了多种情感量化工具与方法。例如，通过问卷调查与深度访谈相结合的方式，收集用户对大运河文化的认知程度、兴趣点以及潜在的情感需求；利用眼动追踪技术观察用户在浏览数字展示内容时的视觉注意力分布与停留时间；借助生物反馈设备监测用户在体验过程中的生理指标变化如心率、皮肤电导水平等，以量化的方式反映用户的情感波动。这些情感量化工具的应用，使得设计能够全面而深入地了解用户的情感需求与偏好，为后续的设计工作提供了坚实的数据基础。

在掌握了用户情感需求的基础上，要开始将情感量化设计融入大运河文化遗产的数字化展示中。运用虚拟现实（VR）、增强现实（AR）等先进技术，构建出高度沉浸式的数字展示环境，使用户可以在这个环境中自由穿梭于大运河的历史场景之中，感受那份古老而深沉的文化底蕴。同时，还要注重在数字展示内容中融入能够触发用户情感共鸣的元素与故事，深入挖掘大运河文化遗产背后的历史故事与人文情怀，通过生动的叙述与精美的画面呈现给用户。这些元素与故事的融入不仅丰富了数字展示的内容与层次，还使得用户在体验过程中能够产生强烈的情感共鸣与文化认同。

为进一步提升用户的情感体验与文化参与度，还可引入智能交互技术，以智能产品为载体进行进一步的研发设计。利用人工智能算法分析用户的行为数据与情感反馈，为用户提供个性化的展示内容与交互方式，同时融合能够触发用户情感共鸣的多模态元素、互动装置或虚拟现实体验进一步提升用户的参与感。例如，根据用户的兴趣偏好与情感反应调整展示内容的顺序与节奏，或者根据用户的交互行为提供实时的反馈与引导等。这些智能交互技术的应用不仅增强了用户与数字展示内容之间的互动性，还使得用户在体验过程中能够感受到更多的关注与尊重，从而进一步提升了他们的情感体验与文化参与度。

除了数字展示内容的优化与创新外，还要注重在数字平台的建设与运营中融入情感量化设计的理念。利用大数据分析技术对用户的行为数据进行深度挖掘与分析，了解用户在数字平台上的使用习惯与偏好，进而优化平台的界面设计、功能布局以及内容推荐等。同时，还可以建立完善的用户反馈机制，鼓励用户通过评论、点赞、分享等方式表达自己的意见与建议。这些反馈信息的收集与分析不仅有助于设计师及时发现问题与不足，还能够为后续的改进与创新提供宝贵的灵感来源。

在大运河文化遗产数字化的过程中，情感量化设计的应用不仅提升了用户的情感体验与文化参与度，还为大运河文化的保护与传承带来了深远的影响。首先，它使得大运河文化遗产的展示与传播更加贴近用户的情感需求与期待，从而增强了用户对大运河文化的认知与认同；其次，它促进了文化遗产的数字化保护与传承方式的创新与发展，为其他文化遗产的数字化保护工作提供了有益的借鉴与参考；最后，它推动了文化遗产保护与传承工作的社会参与度的提升，使得更多的人能够关注到文化遗产的保护与传承问题，并积极参与到相关的行动中来。但情感量化设计在大运河文化遗产数字化过程中尚处于探索阶段，在未来的工作中，我们应该继续深化对情感量化设计的研究与应用，不断探索新的设计策略与方法，以更加贴近用户、更加贴近时代的方式去呈现与传播这些宝贵的文化遗产。同时，我们也应该加强与其他领域的合作与交流，共同推动文化遗产保护与传承事业的繁荣发展。

7.3 基于情感量化设计的大运河文化遗产数字活化案例赏析

7.3.1 案例一：基于面部情绪识别量化与性别、年龄识别程序的京剧脸谱定制算法——以净角为例

京剧脸谱是中国传统文化的瑰宝，承载着几千年的悠久历史。个性化京剧脸谱设计的目的是将传统文化与现代审美相融合，将大运河非遗从抽象概

念变为生活中触手可及的具体事物，以使人们更好地理解和传承。

现通过相关论文与搜集到的京剧脸谱相关内容，研究出了一套算法，这套算法程序可以基于年龄、性别与量化后的情绪，定制出独一无二的专属脸谱。用户通过面部识别系统进行交互，程序根据传统的脸谱特点和获得的用户数据呈现个性化脸谱。用户在这一过程中能够体会到京剧脸谱的美感和特点，拉近与非遗的距离，感受京剧的独特魅力。

1. 前期调研

脸谱不仅具有深厚的文化内涵和丰富的色彩寓意，还蕴藏着丰富的待探索和挖掘的潜力，其千变万化的魅力令人向往。作为一种特殊的化妆艺术，脸谱与人的紧密联系不可分割，因此非常适合作为研究人机交互的课题。

当代年轻人对中国传统文化的热爱正在逐步升温，京剧等非遗传统文化成为热门话题。因为创新的文创产品在市场上越来越受欢迎，而且为了更好地推广和传承非物质文化遗产，所以，本研究希望通过开发京剧脸谱这一人们熟悉的符号，为广大群众提供一个更加深入了解和体验京剧的平台。

博物馆是人们能够近距离感受传统文化的场所，近年来因国民素质教育水平的提高，来博物馆参观的人数显著增加。然而，现有的博物馆容量往往无法满足游客的参观需求，这促使博物馆不得不探索新的展示和互动方法。随着虚拟现实技术的飞速发展，这一领域的应用也逐渐增多。例如，故宫博物院已推出了虚拟现实观展系统，使游客能够通过云端小程序直接参观展厅和展品，并随时享受语音导览。然而这些技术大多局限于辅助观展的阶段，真正的互动体验却相对较少。

为解决上述问题，本研究最终选择博物馆作为实验场景，并以对传统文化兴趣浓厚的游客为目标用户。考虑到用户群体的多样性和复杂性，特别是性别和年龄的差异，我们将采用面部识别和情绪量化技术，根据用户的面部特征和情绪状态，提供个性化的京剧脸谱定制服务。这种设计方法不仅具有高度的互动性和趣味性，还能有效地吸引更多人群参与到京剧文化的传承和体验中来。

2. 文化调研

文化调研中需要特别关注京剧脸谱各个部位的元素及其与情绪的关联。研究将京剧脸谱视作由颜色和形状组成的色块,以探索它们在表达情感方面的作用。

依据表现角色的不同,京剧脸谱可划分为 16 种主要类型。其中,"整脸"是将整个脸部涂抹的一种主色,并通过勾画眉、眼、鼻的纹理来展现人物的神态,例如关羽的红色面庞和曹操的白色脸谱。"三块瓦脸"通过夸张的眉、眼和鼻窝处理,使得额部和两颊呈现出像三块瓦片一样的明显主色块,如姜维在《铁笼山》中的红色三块瓦脸,马谡在《失街亭》中的白色三块瓦脸,以及老年江湖英雄或将军所使用的"老三块瓦脸"(其特征是在外眼角处向腮部勾一条下垂粗线纹,体现出年老后眼角下垂的形象,如鲍赐安、张郃等)。"花三块瓦脸"在三块瓦脸的基础上,将复杂的色彩和纹饰勾于眉、眼和鼻等部位,以展示人物性格的多重性,如窦尔墩在《连环套》中的蓝色花三块瓦脸,典韦在《战宛城》中的黄色花三块瓦脸。

六分脸则通过其严肃的面容和贯通额头的白眉,展现了老将的权威与威严,代表人物有徐延昭、尉迟恭。十字门脸则通过由鼻端向额头画一条通天纹,与眼眉相交呈十字的方式,刻画年老武将和将军的形象,代表人物有张飞、司马师。蝴蝶脸更注重于表现角色的直爽,其脸谱图似蝴蝶,代表人物有周处、李逵。碎花脸则通过颜色和线条的细密表现丰富的人物性格与情感,代表人物有程咬金、单雄信。歪脸则通过面部五官扭曲呈畸形、凶恶状的方式展示了角色的凶恶特征,但并非一定是坏人,代表人物有祝彪、郑子明。元宝脸是以其色彩的复杂和多样,前额揉红、白、金色,两颊多黑色,呈元宝状,揭示了人物内心的复杂性和纠结,代表人物有周仓、钟馗。太监脸通过勾棒锤眉、黑细眼窝、小嘴,专用来表现擅权害人的宦官,代表人物有刘瑾、伊立。僧脸,又名"和尚脸",特征是腰子眼窝,花鼻窝,花嘴岔,脑门处画有舍利珠圆光或九个点,代表人物有鲁智深、杨五郎。无双脸绘有标志性的图案于面部,表现特定人物的形象,如项羽、包拯。象形脸画有精灵、鸟兽于面部,具有人物代表性特点,如动物、神怪。神妖脸则通过金、银二色的勾画,表现出神佛的神秘感，例如二郎神和小鬼。总之，京剧脸谱的设计精致而多样，不仅是表演形象的象征，更是中国传统文化和戏剧艺术的重要组成部分。

通过这些分类和对比，本设计深入研究了京剧脸谱不同类型在情绪表达上的差异和特点，为进一步理解京剧文化及其艺术表现提供了有力的文化调研支持。表 7.2 是京剧脸谱与面部表情的关系。

表 7.2　京剧脸谱的表情特征

表情	面部细节		
	额头、眉毛	眼睛、上下眼皮	鼻、唇、两颊
高兴			
愤怒			
惊讶			
悲伤			

在京剧中，不同情绪的表达方式精彩纷呈。当角色感到惊奇时，眉毛会自然地抬起，形成高而弯曲的弧度，眼睛则睁大，上眼皮抬高，展现出眼白；下颌打开，嘴巴大张，额头上出现横跨的皱纹，整体呈现出一种明显的震惊态势。而当角色感受到恐惧时，眉毛会上抬并皱在一起，额头皱纹向前额中间集中，凸显出内心的紧张和害怕；上眼皮上抬，下眼皮则紧绷，嘴巴张开并拉长，向后稍微拉起，形成一种紧张而痛苦的表情。在表达厌恶时，眉毛则压低，挤压上眼皮，两颊间有皱纹显现，上唇向上抬起，嘴角下拉，鼻子皱起，两颊抬起，整体呈现出一种不满和反感的情绪。当角色愤怒时，眉毛皱在一起，压低形成竖直的皱纹，眼睛则瞪着，唇紧闭，嘴角拉下，表现出

内心深处的怒火和不满。相反，当角色感到高兴时，眉毛会变弯，下眼皮旁或有皱纹，眼睛弯曲变小，唇角后拉并抬高，露出牙齿，法令纹与两颊抬起，整体呈现出一种欢快和满足的表情。这些特有的面部表情和动作特征不仅是京剧角色情感表达的关键，也是其艺术魅力和情感深度的重要体现。

京剧脸谱是京剧演员表演时所使用的特殊妆容，其面部结构和谱式设计都具有深刻的文化内涵和艺术特色。脸谱的面部结构是根据角色的性别、年龄、性格特征以及所扮演角色的社会地位等因素来设计的。每种脸谱都有其独特的线条和色彩组合，用以突出和表现角色的个性和情感。脸谱的基本构成包括眉、眼、鼻、口等要素，这些要素通过精细的绘制和配色，能够使演员在舞台上更加生动地表现角色的心理和情感变化。脸谱的谱式是指具体的设计图样或模板，用于指导化妆师绘制和演员使用，不同的角色和角色类型有不同的谱式。谱式既包括主体的线条轮廓，也涵盖了详细的装饰和色彩规定，这些规定往往根据传统剧目和角色类型进行传承和创新。例如，红色可能象征忠诚和正直，黑色可能象征狠毒和阴险，而白色则可能象征阴柔和邪恶。表 7.3 是脸谱的面部结构与谱式范例。

表 7.3　脸谱的面部结构与谱式范例

面部结构	谱式			
额头纹				
眼窝纹				
眉窝纹				

3. 程序编写

在开发脸谱表情程序的早期阶段，应当先进行广泛的资料搜集和深入分析，以深入理解京剧脸谱在情绪表达中的关键特征。京剧脸谱不仅仅是静态的面具，还是演员在舞台上情感表达的重要工具，通过精妙的细节和设计传达出戏剧角色的内心世界和情绪状态。

本研究从六个主要情绪维度研究脸谱：悲伤、高兴、愤怒、惊吓、恐惧、厌恶。这些情绪维度是整体表达的关键组成部分。为了更好地理解和捕捉这些情绪，研究团队选择通过绘画形式创作了数十张不同部位、不同情绪下的脸谱图片，如图 7.6 所示。这些作品展示了如何通过脸谱的眼部、眉毛、鼻子等细节来传达特定的情感氛围。

图 7.6　脸谱各部分特征提取

　　程序化的脸谱生成，是通过计算各个情绪维度的加权和，来确定最符合用户输入的综合情绪表示。这一过程要求精确地平衡每个情绪维度的贡献，以确保生成的脸谱能够准确、生动地传达出所需的情绪和氛围。

　　用户数据的应用是这一过程中的关键一环。本研究收集并分析用户提供的数据，根据其需求和偏好生成定制的脸谱。

　　代码使用 PySide6 库创建了一个简单图形用户界面（GUI）应用程序。gender_label、age_label、emotion_label 是标签控件，用于显示"性别""年龄""情绪值"这些文本。gender_input、age_input、emotion_input 是文本输入框控件，用于输入性别、年龄和面部情绪识别得出的情绪值。show_image_button 是一个按钮控件，标签为"定制脸谱"，点击后会触发脸谱图片显示。点击"定制脸谱"按钮，应用程序从文本输入框中获取性别、年龄和情绪值。调用 get_image_files 获取符合条件的脸谱图片文件路径。创建 ImageViewer 对象，并将获取的图片路径和情绪值传递给它。最后显示 ImageViewer 窗口，以显示脸谱图片。

　　根据输入的性别和年龄，遍历每个类别文件夹（假设名称为 1 到 7）。每个类别文件夹中包含多张以 .png 结尾的图片。对于每个类别，仅选择一张符合条件的图片，然后将其类别和文件名添加到 image_files 列表中。

　　这段代码实现了一个用于定制脸谱图片的简单的图形界面。可以输入性别、年龄和情绪值，然后点击按钮查看符合条件的脸谱图片。ImageProcessor 类负责用户界面和输入处理，ImageViewer 类负责显示脸谱图片。整个应用程序利用 PySide6 提供的 GUI 组件进行构建和交互，如图 7.7 所示。

　　通过面部识别和情绪量化，为用户实现京剧脸谱的专属定制，使传统文化活起来，获得更强的趣味性和生命力。这种方式相较于传统的一些观展模式更加新颖，更能吸引用户注意。

4. 成果展示

　　目前，国内部分博物馆采用 VR 技术作为人机交互的主要手段，旨在以更生动的方式展示那些难以直接接触的文物。本设计则以创新的方式探索京剧脸谱的魅力，并研究如何定制个性化的脸谱，以展示大运河的非遗理念。本

大运河文化遗产数字化设计

```
 7    class ImageProcessor(QWidget):                                    △7 ∧
38        def show_image(self):
40            gender = self.gender_input.text()
41            age = self.age_input.text()
42            emotion_values = list(map(int, self.emotion_input.text().split()))
43
44            # 构建图像路径
45            image_files = self.get_image_files(gender, age)
46            image_paths = [f"{self.base_dir}/{category}/{image_file}" for category, image_file in image_files]
47
48            # 创建新的窗口显示图片
49            image_viewer = ImageViewer(image_paths, emotion_values)
50            image_viewer.show()
51
52        def get_image_files(self, gender, age):
53            image_files = []
54
55            # 假设每个类别文件夹的名称为 1, 2, ..., 7
56            for category in range(1, 8):
57                category_dir = f"{self.base_dir}/{category}"
58
59                # 遍历类别文件夹中的所有图片
60                for filename in os.listdir(category_dir):
61                    if filename.endswith(".png"):
62                        image_files.append((category, filename))
63                        break   # 仅取每个类别中的一张图片
64
65            return image_files
66
67
68    class ImageViewer(QWidget):                                         .7 ∧ ∨
69        def __init__(self, image_paths, emotion_values):
70            super().__init__()
71
72            # 设置窗口标题
73            self.setWindowTitle("Face")
74
75            # 创建控件
76            self.image_labels = []
77            for path, position in zip(image_paths, [(0, 0), (0, 150), (0, 300), (150, 0), (150, 150), (150, 300),
78                pixmap = QPixmap(path)
79                label = QLabel()
80                label.setPixmap(pixmap)
81                label.setGeometry(position[0], position[1], 150, 150)   # 设置位置和大小
82                self.image_labels.append(label)
83
84            # 设置布局
85            layout = QVBoxLayout()
86            for label in self.image_labels:
87                layout.addWidget(label)
88            self.setLayout(layout)
89
90
91 ▷ if __name__ == "__main__":
92        app = QApplication(sys.argv)
93        base_dir = "脸谱"   # 基础目录
94        processor = ImageProcessor(base_dir)
95        processor.show()
96        sys.exit(app.exec_())
```

图 7.7 示例代码

144

研究的核心理念是利用算法识别观众的情绪，结合其年龄和性别信息，生成符合个性化需求的脸谱。这种独特的人机交互模式使得用户可以亲身体验到京剧脸谱的美学特征，同时拉近与传统非遗文化的距离，深刻感受到京剧艺术的独特魅力。在设计过程中，需要重新解构和组合京剧脸谱的各个要素，包括眼睛、眉毛、鼻子、额头等部位，通过参数化设计，实现个性化定制。

在未来，面部识别技术在博物馆的应用将不再局限于提供个性化的展览体验，它将成为文化交流和教育互动的重要工具。通过精确分析用户的面部表情和反应，系统能够实时捕捉他们的兴趣点和情感反馈，从而为博物馆提供深入的参观者洞察，博物馆可以利用这些技术来实时追踪观众的情感反馈和兴趣点，从而调整展览内容和交互方式，从而确保每位用户都能获得个性化、精准的参观体验。

京剧脸谱艺术的现代转化是一个典型的例子，它融合了虚拟现实和人工智能技术，传承于数字时代。通过虚拟现实技术，让更多人理解和喜爱这一丰富的文化遗产，让现代观众能够沉浸在这些传统脸谱之美中。通过人工智能的参与，这些艺术技巧以数字化传承和再现，使得京剧在现代社会中依然具有生动的吸引力。

总结来说，面部识别技术和传统文化艺术的结合不仅为文化遗产的保护和传承带来新的可能，也为现代人们提供了更多深入了解和体验传统文化的途径。这种融合不仅拓展了艺术的观赏方式，更为文化的多样性和创新注入了新的活力和生命力。

情感量化与面部识别技术的应用将推动博物馆向智能化和个性化方向迈进，为广大观众打开了一扇更为个性化、智能化的文化之门。未来的博物馆不再是单向的展示场所，而是与观众紧密互动、持续演进的文化教育中心。

7.3.2 案例二：缓解焦虑的香薰机设计

该案例的设计目标是通过香薰机来帮助缓解现代生活中普遍存在的心理焦虑。该设计以中国传统文化之一的焚香文化为载体，为用户提供视觉、嗅觉等多感官的互动体验，帮助转移用户的注意力，改变焦虑的心理状态。香薰机上连接着 GSR 传感器，可以检测用户的情绪状态，识别后，香薰机内的烟雾形状会随之变化。该产品主要通过 Arduino 编程和电路实现，利用 GSR 传感器识别用户的焦虑状态，并采用 LED 灯带以颜色的形式给予视觉反馈，同时利用舵机的舵臂挤压橡胶导管形成压力差，改变回流香的下沉烟雾形状，产生优美流畅的造型变化，如图 7.8 所示。这款情绪互动产品采用随着情绪跳跃的烟雾，配合幽暗的灯光和淡雅的香气，可以转移用户的注意力，同时帮助用户暂时远离焦虑，对心理健康产生良性反馈。

图 7.8　香薰机的设计过程

7.3.3　案例三：京杭大运河文化——商路征途，桌游设计

该设计是一款以京杭大运河为主题的，结合了情感量化技术的卡牌运营类桌游。桌游以沿大运河进行商业活动的商人视角展开，沿着杭州到北京的路线进行商业活动，经历各种事件，最终完成贸易。桌游采用了多人参与的

玩法，让玩家可以和朋友一同争夺胜利，增加游戏的趣味性。通过情绪量化技术，检测玩家参与活动时的情绪，从而影响玩家的贸易活动，让作为商业谈判的重要条件的情绪在游戏中也能发挥它的重要作用。在桌游的卡牌上，选取了京杭大运河段重要的 16 座城市以及各城市的历史文化遗产作为贸易货物，让玩家在游戏的同时，学习到大运河的历史文化，了解到大运河沿线的非遗。桌游中大运河文化与情感量化技术的结合，让玩家跨越百年时空，体验运河上的商人的所见所闻，感受大运河往昔的繁荣。

1. 京杭大运河文化调研

京杭大运河始建于春秋时期，是世界上里程最长、工程量最大的古代运河，也是最古老的运河之一，与长城、坎儿井并称为中国古代三项伟大工程，并且使用至今，是中国文化地位的象征之一。京杭大运河南起余杭（今杭州），北到涿郡（今北京），全长约 1794 千米，途经今浙江、江苏、山东、河北四省及天津、北京两市，贯通海河、黄河、淮河、长江、钱塘江五大水系。京杭大运河对中国南北地区之间的经济、文化发展与交流，特别是对沿线地区工农业经济的发展起到了巨大作用。

京杭大运河从开凿到现在已有 2500 多年的历史。2002 年，京杭大运河被纳入了"南水北调"东线工程。2014 年 6 月 22 日，第 38 届世界遗产大会宣布，中国大运河项目成功入选《世界文化遗产名录》，成为中国第 46 个世界文化遗产项目。2014 年 9 月，京杭大运河通州—香河—武清段计划于 2017 年实现初步通航，2020 年正式通航。2015 年 6 月 13 日，立"京杭大运河北起点"标志碑于通州，正式确立通州为京杭大运河北起点。2019 年 2 月，中共中央办公厅、国务院办公厅印发了《大运河文化保护传承利用规划纲要》。2019 年 10 月，京杭大运河通州城市段 11.4 公里河道已正式实现旅游通航。2021 年 6 月 26 日，京杭大运河北京段通航，创造多项新的历史。2022 年 4 月28 日，京杭大运河全线水流贯通。

2. 桌游文化调研

不同区域的桌游背后蕴含了不同的文化背景，比如欧美根据《魔戒》等奇幻文学作品产生了《龙与地下城》，中国基于三国背景产生了《三国杀》，可见把本地的文化元素融入桌游既能发掘文化中的要素，对其进行利用，又能让玩家通过桌游了解文化，达到了传播文化的作用。

现代桌游的开端是 19 世纪下半叶，德国桌游种类的发展得到了极大的丰富，逐渐风靡周边国家，如法国、荷兰和瑞典，又逐步把市场开拓到欧洲大陆之外的英国和美国，最终成为世界上最大的桌游输出国。而现代桌游风格可大致分为德式和美式。德式相对偏策略，更注重玩家沟通合作；美式相对偏演绎，更注重竞技对抗，与国内市场的喜好更相近。近年来，国内受欢迎的《三国杀》《狼人杀》就属于简单易懂的聚会游戏，《卡坦岛》《卡卡颂》等入门级游戏也颇受欢迎。现在桌游在年轻人中颇受欢迎，而且用户黏性高，玩家愿意研究桌游背后的文化以及故事，所以如果把大运河非遗和桌游结合，可以将大运河文化融入众多年轻人的生活中，在乐趣中发扬传统文化。

3. 基于文化的桌面类游戏案例

《故宫》是一款融合了手牌管理、工人放置、点对点移动等多种机制的德式桌游，如图 7.9 所示。具体来说，游戏共有四轮，每一轮分为三个阶段，第一阶段为准备阶段，主要做包括补充指示物、掷天命骰子等准备工作。第二阶段是玩家们操作的重头戏，玩家们要选择将手中的一张朝贡卡与主版图上的一张朝贡卡进行交换，再执行这张朝贡卡上的行动。不同区域上所提供的行动各有不同，主要包括旅行、长城、密谋、玉玺、乾清宫、圣旨、运河七大类，如何选择分配需要仔细考量。当玩家打光手牌，就将进入最后的傍晚阶段，主要检查弃牌堆中的牌是否与天命骰子点数一致。四轮回合结束后，得分最高的玩家将取得胜利。

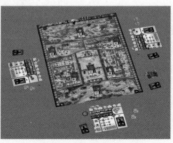

图 7.9 《故宫》桌游

作为版图战棋类游戏，《纵横战国进阶版》(图 7.10) 的玩家人数为两人。一方扮演联合弱国共同抵抗强秦的合纵方，另一方扮演联合强国制约第三方的连横方，双方轮流通过自己的手牌进行军事和外交等行动，以拉拢更多的诸侯，增强自身实力。当剧本回合到来，秦国控制地区的资源点总和大于等于 10，则为连横方胜，否则则为合纵方胜。

图 7.10　《纵横战国进阶版》桌游

4. 情感量化测量方法：皮肤电反应 (Galvanic Skin Response, GSR)

皮电，也就是皮肤表面的电导率，也称为皮肤电阻。它是指在皮肤上施加电流时，电流通过皮肤的能力。皮肤电导率可以用来检测人体内的生理和情绪反应，因为人体内的电导率随着身体和情绪的变化而变化。例如，当人感到紧张或激动时，皮肤电导率会升高，而在放松或睡眠时则会降低。人的情绪变化总是伴随一系列生理反应，如呼吸、血压、脉搏、腺体分泌等生理变化。而皮肤电导率作为衡量人体出汗多少的指标，能够反映人体的情绪和生理反应，因此常用作测量情绪变化的生理指标，而这项指标也是测谎仪等技术的基础。

皮电这项生物信号一直被广泛作为探查人类生理心理活动过程的手段，同时也作为评价人的意向活动、唤醒水平和情绪反应等的一种指标，尤其对影响人的心理活动和人体健康和疾病有重要关系的情绪反应。在目前还没有更好的指标可以测定情绪反应的强度、持续时间和频率的情况下，皮电信号仍是研究人类情绪的一种重要手段。

皮电的测量原理是当机体受外界刺激或情绪状态发生改变时，其植物神经系统的活动引起皮肤内血管的舒张和收缩以及汗腺分泌等变化，从而导致皮肤电阻发生改变。EDA测量是通过将一对电极放置在皮肤表面，在皮肤上施加一个微小的恒定电压，这样流过皮肤的电流与皮肤电导成正比，通过电流电压转换后，皮肤电导变化信号将被记录，因此皮肤电导响应又称为皮肤电流响应。使用电极测量皮肤电导率，测量单位为微西门子 micro-Siemens（μS）。

皮电通常有几个常用的指标。皮肤电导（SC），在皮肤表面采用一个恒定电压，即可测出皮肤电导的大小。皮肤电导值的倒数就是皮肤电阻（SR）。皮肤电导水平（SCL）是指某一阶段或某个时候的皮肤电流水平，跨越皮肤两点的皮肤电导的绝对值也可称作基础皮肤电传导（Basal Skin Conductance）。人在安静时，在皮肤表面两点之间的基础值就是电导水平值。皮肤电导反应（SCR）是指测量皮肤上两个选定点之间（通常两手指之间）的电导性或电流通过量或电流水平变化，是由刺激而引起的生理心理变化状态。当人受到刺激处于强烈的激情状态（如愤怒）时，会产生瞬时大幅度的皮电波动。在范围正常的室温环境和体温调节状态下，交感神经活动与皮电反应具有高度的相关性。

5. 情感量化测量方法：心率变异性（Heart Rate Variability，HRV）

HRV，全称是 Heart Rate Variability，中文为心率变异性，即心跳之间的时间差异。人体每次心跳之间的时间并不都是相等的。以图 7.11 前三个波峰（一个波峰代表一次心跳）为例，第一个波峰与第二个波峰间隔为 828ms，而第二个波峰与第三个波峰间隔为 845ms，之间相差 17ms，这 17ms 就可以理解为 HRV。连续心跳之间的这些时间段称为 RR 间期，HRV 就是 RR 间期之间的差异。

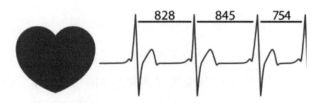

图 7.11　连续心跳时间间隔图

HRV 受到植物神经系统（VNS）的调控。人体大脑中的植物神经系统包括两个分支：交感神经系统和副交感神经系统，他们分别对 HRV 产生不同的作用。本质上来说，HRV 反映了交感神经系统和副交感神经系统的变化。交感神经系统的活动主要保证人体紧张状态时的生理需要，通常会使心率上升。交感神经较活跃时，HRV 降低，代表身体处于紧张、兴奋、疲劳的状态。副交感神经系统的活动则主要在于保护机体、休整恢复、促进消化、积蓄能量等方面，通常会使心率下降。副交感神经较活跃时，HRV 升高，表示身体处于放松、休息的状态。

6. 游戏玩法构思

初步的设计想法是开发一款以大运河非遗为主题的桌游，加入情绪变化和情感量化的玩法。这款游戏的背景设定在古代的京杭大运河沿线，玩家可以选择不同的角色，如商人或大侠，他们在沿途经历各种故事和奇遇，通过交易和冒险积累财富或完成使命。游戏中的棋子和版图将以大运河的标志性建筑和地形为基础，不同的省份和地域拥有独特的玩法和地形加成。非遗文物则作为玩家手中重要的交易物资，可以在沿途不同的地点进行买卖交易，增加战略性和互动性。

情绪测量技术将被融入游戏玩法，例如在特定的故事情节或决策时，系统将检测玩家的情绪反应，并据此赋予相应的增益或负面效果。此外，玩家还可以利用情绪点数进行战斗或交易中的讨价还价，增加游戏的策略性和深度体验。

游戏的数字化设计将采用先进的 NFC 技术，确保游戏操作流畅并增加可访问性。同时，设计上也会融入教育因素，使之适合儿童玩家。数字化的方式不仅增加了游戏的趣味性，还可作为传统文化教育的有效手段，让玩家在享受游戏乐趣的同时，深入了解和体验中国传统文化的历史背景和丰富内涵，为玩家提供一个全新的游戏体验和学习机会。

设计桌游时候需要注意以下几点。首先，规则要简单易懂，不要添加太多机制。例如，一个不熟悉扑克游戏规则的人在旁观看其他人打牌时，若受邀加入游戏，则其拒绝的可能性相对较低。这是因为扑克游戏的基本规则较容易在观察一段时间后自行理解。然而，桌游则不同，即使是相对简单的游戏，如配有一些道具卡等小配件，不熟悉者可能会因觉得游戏复杂而产生不愿尝试的情感反应，因此需要把控规则难度。其次，游戏要结合非遗设计，符合时代背景，增强代入感。在玩法中可以使用当时的城市作为几个资源点，利用文物作为交易物资等，把非遗融入游戏设计和玩法当中。最后，情感量化设计的部分需要在游戏中保持简洁，因为情感检测本身具有一定的挑战性。在整合情感反馈到游戏中时，需要巧妙地思考如何有效融入，同时避免设计过于复杂，以免造成游戏玩法的割裂性。

游戏规则的设定。在玩家行动阶段中，游戏分为几个关键阶段。首先是移动阶段，玩家根据掷骰子的结果移动商队，途中经过地图上的城市和航道的固定事件点；其次是贸易阶段，玩家可以开辟商道并交易各种物品，包括大运河传统文化遗产和城市特色产品，目的是赚取白银；然后是事件阶段，根据海陆不同抽取相应的事件卡，这些卡片包含有关四字成语、大运河和古代传统的相关内容；最后是对抗阶段，玩家通过出牌对其他玩家施加影响，增加游戏的策略性和深度体验。

游戏中的情感量化步骤。其涵盖了多种先进的生理测量方法。首先，通过皮电和心电测量技术，实时监测玩家的生理反应，转化为对应的情绪状态。这种转化过程不仅仅依赖于生理数据的收集，还需要精确的算法和模型来解析和理解。其次，为了更全面地评估玩家的情感体验，需要使用 Arduino 的程序，结合主观反馈与客观数据进行情感测量，以提高测量的精准度，更深入地分析玩家在游戏过程中的情绪起伏和变化。最后，通过有效地量化和分析情感数据，从而更精确地调整游戏内容和难度，以提升玩家的沉浸感和满意度。

情绪波动检测。每当有事件触发时对玩家情绪进行检测。根据机器测量的心电和皮电数据的大或小，对应拿取一个标记：当玩家遇到不同事件，若情绪波动大，拿取一个▲标记；若玩家的情绪波动小，则拿取一个〇标记。根据不同标记到城市进行结算，持有不同状况的标记可能在不同城市有不同的对应效果，并且能换取货物。

7. 游戏视觉设计

京杭大运河以其独特的视觉特征深深吸引着人们的目光。首先是它的水面常年平静如镜，散发出一种宁静安详的氛围，让人心旷神怡。运河的走向曲折多变，蜿蜒穿过城市和乡村，形成了迷人的曲线美，这些线条不仅连接了地理空间，也连接了历史时空。沿着运河，保存完好的历史建筑群点缀其中，如古老的宅院、庙宇和城墙等，它们不仅是建筑艺术的见证，更是古代文化与历史的重要遗存，为这片土地增添了厚重的文化底蕴。在宁静的水面上，偶尔可以看到一些传统的木船或竹筏，它们象征着运河的航运文化，与周围古老的建筑和曲线景观相辉映，共同勾勒出一幅充满诗意和历史沧桑的画卷。以上视觉特征将作为设计主题融入桌游的产品设计中。

设计概念提取自各地商帮在运河沿线的活动。活动多姿多彩，除了在全国南北商品流通中发挥出不可或缺的重要作用，还展示出浓郁的商业风情，在城市卡牌中加入了不同城市具有特色的文化活动，并且会对游戏进程产生影响。

视觉设计中辅助图形的设计运用了运河上最经典的古代商船作为元素进行设计。在参考了许多中国古代船型后决定使用突出特征，比如单只横向帆，楔形船身，船头圆形顶棚等元素进行设计，最终得到了代表古代运河上商船的剪影图案，如图7.12所示。

图7.12 辅助图形设计

在颜色设计方面，选用具有代表性的多种颜色表示对应事物，展示京杭大运河美学文化，提升玩家体验，如图7.13所示。

标准字体为字由点字玄真宋（图7.14）。内容字体为字由点字简宋（图7.15）。

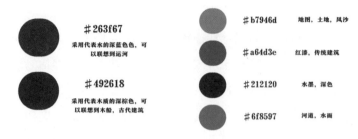

图 7.13　颜色设计方案

壹、贰、叁、肆、伍、陆、柒、捌、玖、拾、
佰、仟、万、亿、元、角、分、零
ABCDEFGHIJKLMNOPQRSTUVWXYZ
abcdefghijklmnopqrstuvwxyz1234567890

图 7.14　标准字体字样

壹、贰、叁、肆、伍、陆、柒、捌、玖、拾、
佰、仟、万、亿、元、角、分、零
ABCDEFGHIJKLMNOPQRSTUVWXYZ
abcdefghijklmnopqrstuvwxyz1234567890

图 7.15　内容字体字样

8. 成果展示

　　游戏中的卡片设计旨在生动展现京杭大运河沿线的多样城市风貌和悠久历史。每座城市的卡片都描绘了其独特的文化景观和历史背景，如图 7.16 所示。当玩家抵达这些城市时，将触发具有历史深度的事件，帮助他们更深入地了解传统文化的多样面貌。此外，事件卡片运用了如"盗亦有道""破财免灾"等成语来命名，展示了在运河商业活动中可能遇到的各种情境和挑战，融合了传统元素与游戏玩法，如图 7.17 所示。在游戏过程中，玩家还将使用贸易卡片（图 7.18）进行交易，并管理货舱卡片（图 7.19）来规划和扩展他们的贸易活动，从而体验和探索这条历史悠久的运河带来的丰富文化与繁荣商业。

图 7.16　城市卡片

图 7.17　事件卡片

图 7.18　贸易卡片

图 7.19　货仓卡片

　　游戏利用 Arduino 的皮电传感器获取数据，将其传入芯片，依据算法进行处理，根据一段时间内的平均值判断玩家的情绪波动大小，大则点亮红灯，小则点亮绿灯。图 7.20 是 Arduino 代码示例。

　　游戏开始时，每位玩家随机抽取一张城市卡，确定他们的起始位置；领取商品任务卡，目标是收集任务卡上指定的货物，完成任务即可获得胜利。

```
const int LED_GREEN_PIN = 2;
const int LED_RED_PIN = 3;
const int THRESHOLD = 500;
int gsrValues[NUM_SAMPLES];
int currentIndex = 0;
//我们初始定义了一些常量，包括GSR传感器连接的引脚、采样数量、绿色LED和红色LED连接的引脚以及阈值。

const int GSR_PIN = A2;
const int NUM_SAMPLES = 100;
const int LED_GREEN_PIN = 2;
const int LED_RED_PIN = 3;
const int THRESHOLD = 500;
int gsrValues[NUM_SAMPLES];
int currentIndex = 0;
//在setup函数中，初始化串口通信和采样值数组，并将LED引脚设置为输出模式。

int gsrValue = analogRead(GSR_PIN);
gsrValues[currentIndex] = gsrValue;
currentIndex = (currentIndex + 1) % NUM_SAMPLES;
//在loop函数中，首先通过analogRead函数读取GSR传感器的值，并将其存储到采样值数组中的当前索引位置。

int sum = 0;
for (int i = 0; i < NUM_SAMPLES; i++) {
sum += gsrValues[i]; }
int average = sum / NUM_SAMPLES;
Serial.println(average);
//之后，我们通过循环计算所有采样值的总和，计算出平均值，并将平均值打印到串口监视器。

if (average > THRESHOLD) {
digitalWrite(LED_GREEN_PIN, LOW);
digitalWrite(LED_RED_PIN, HIGH);
} else {
digitalWrite(LED_GREEN_PIN, HIGH);
digitalWrite(LED_RED_PIN, LOW);
}
delay(50);
```

图 7.20　Arduino 代码示例

玩家轮流掷骰子，根据点数移动船只。当船停靠在城市点上时，玩家可以选择是否用银圆购买当地特产，将其加入自己的货舱中。

在商路上行进时，玩家可能会遇到各种事件，需抽取事件卡来处理。

情绪判定环节是游戏的重要部分，通过检测玩家的情绪平静度，根据指示灯的颜色判断并记录玩家的情绪标识。每张城市卡上的情绪标识将影响玩家在游戏中获得的不同效果和奖励。

最终，玩家通过成功达成任务，积累足够的货物，赢得游戏的胜利。

游戏所需部分物品及游戏过程示意如图 7.21~图 7.26 所示。

图 7.21　游戏所需物品——城市卡

图 7.22　游戏所需物品——事件卡

图 7.23　游戏所需物品——货舱卡

图 7.24　游戏所需物品——骰子

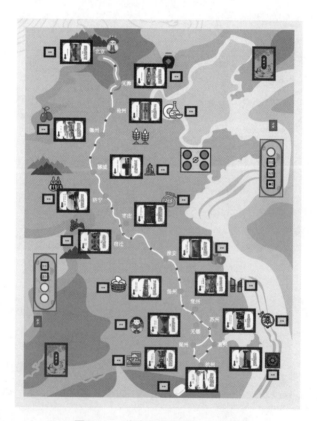

图 7.25　游戏所需物品——地图

图 7.26　游戏过程示意

第 8 章　文化遗产数字化理论的普适性总结

　　文化遗产承载着丰富的历史记忆与深厚的文化底蕴，代表着人类智慧的结晶，但随着时代的变迁和自然灾害、人为破坏等因素的影响，文化遗产也同时面临着保护难、传承难的问题。在这样的背景下，将文化遗产进行数字活化设计成为保护与传承众多文化遗产的重要途径。通过数字技术，我们不仅能够实现对文化遗产的创新再设计和文化要素挖掘，还能创新其传播方式，使其以更加生动、直观的形式走进大众视野，从而焕发新的生命力，让大众逐渐认识、熟悉各种文化遗产，进而引发其进行学习与传承。这一章，我们将以前文大运河文化遗产数字活化为参考，通过梳理京杭大运河数字活化的实践经验，深入剖析其数字活化过程中的得与失，提炼出具有普遍指导意义的一般理论框架与策略，以期为文化遗产的数字化保护与传承贡献新的智慧与力量。

8.1　文化遗产数字活化的基础理论分析

　　通过前文对大运河文化遗产数字化方法与案例的解析，我们可以知道，数字技术在文化遗产保护中的应用已经取得了显著成效。大运河作为中国古代重要的水利工程和交通要道，其文化遗产丰富多样，通过 AIGC 再创作、软硬件结合、三维激光扫描、数字图像处理和虚拟现实等先进技术，将大运河的文化遗产包括运河本体、沿岸古建筑、历史遗迹以及相关的非物质文化遗产等相继进行了趣味化创新。通过数字化手段、交互设计等方法,将运河文化遗产精确地数字化,形成了高质量的数字模型。这些数字模型不仅为文化遗产的修复和重建提供了科学依据,还使得文化遗产能够以虚拟现实的形式展现在公众面前,极大地增强了观众的沉浸感和体验感。

大运河文化遗产的数字活化设计案例,为我们一般性地分析文化遗产数字活化提供了宝贵的经验和启示。回顾京杭大运河的数字活化之路,我们不难发现,这是一条技术驱动、内容为王、体验至上的创新之路。

首先,在技术层面,京杭大运河的数字活化之路堪称现代科技与传统文化完美交融的典范。巧妙地借助 AIGC(人工智能生成内容)的前沿技术为运河文化的数字化呈现开辟了新天地。AIGC 不仅能够根据历史资料自动生成生动的故事内容,还能根据用户的兴趣与反馈不断优化调整,使得大运河文化的传播更加精准高效。同时,大数据与云计算的深度融合,如同为大运河文化打造了一座庞大的数字信息库,实现了数据的高效收集、处理与分析,为文化遗产的保护与管理提供了强有力的技术支撑。

虚拟现实与增强现实技术的运用,更是让大家对大运河文化的体验达到了前所未有的高度。公众只需佩戴 VR 设备,即可瞬间"穿越"至千年前的运河畔,亲历古时的繁华与喧嚣;而 AR 技术则能在现实世界中叠加虚拟元素,让公众在游览过程中随时发现隐藏的运河历史与故事,极大地增强了游览的互动性和趣味性。这些技术的应用,一方面极大地丰富了大运河文化的传播方式,使其跨越了时间与空间的限制;另一方面更是以全新的视角和方式,激发了公众对大运河文化的浓厚兴趣与深度参与,让这份宝贵的文化遗产得以在数字时代焕发出新的生命力。

其次,在内容层面,京杭大运河的数字活化项目展现出了对文化遗产理解的独到之处。在进行文化遗产数字化的过程中,既要致力于深入挖掘运河文化的文化要素与深厚内涵,还原其真实的面貌,挖掘丰富的故事,也要在此基础上进行巧妙的创意设计,融合现代审美,为观众呈现丰富的文化盛宴。

文化遗产数字活化以多样化的形式呈现,让公众在沉浸式的体验中感受运河文化的独特魅力,有助于激发公众对文化遗产的兴趣与热爱,促使更多人加入保护与传承文化遗产的行列中来，共同守护这份宝贵的文化财富。

最后，在体验层面，京杭大运河的数字活化项目深刻践行了"以用户为中心"的设计理念，从初期的用户调研到后期的交互设计迭代，无不体现出对用户需求与感受的深切关怀。不同的项目巧妙运用了多感官、多层次的交互体验设计手法，力求为用户打造一场全方位、沉浸式的运河文化体验之旅。用户不仅可以通过视觉感受运河的壮丽景色，还能通过听觉聆听船夫的悠扬歌声，甚至通过触觉模拟体验船行的颠簸与风拂面颊的微妙触感。这种全方位的感官刺激，使用户仿佛置身于真实的运河世界之中，与文化遗产产生了深刻的情感共鸣。

这种以用户为中心的设计理念，不仅极大地提升了用户的满意度和忠诚度，更在无形中促进了文化遗产的广泛传播和深入传承。用户在享受数字技术带来的便捷与乐趣的同时，也被运河文化的独特魅力所深深吸引，从而产生了对文化遗产的浓厚兴趣与深厚情感。这种情感的传递与共鸣，正是文化遗产得以生生不息、代代相传的关键所在。

除文化遗产本身优质的内容与创意设计之外，文化遗产数字活化设计还要考虑社会效益和经济效益的平衡。文化遗产作为公共文化资源，其保护和传承不仅关乎社会整体的文化素养和审美水平，还关乎文化的延续。因此，在文化遗产数字活化的过程中，我们要坚持社会效益优先的原则，确保文化遗产的数字化成果能够惠及公众。同时，我们也可以通过商业化开发等方式实现文化遗产数字资源的经济价值最大化，为文化遗产保护提供更为充足的资金支持。当然，在设计师提取文化遗产文化要素时，也需要关注对文化多样性和原真性的保护。数字化技术的开放性、接入性和互联性促进了不同文化间的交流，但同时也可能引发文化趋同的问题。在文化遗产数字活化的过程中，设计师必须尊重文化遗产的多样性和原真性，避免在数字化过程中过度干预或扭曲文化遗产的原始形态和文化内涵，或是由于文化遗产的趋同导致的版权、隐私和安全等方面的问题。只有这样，才能确保文化遗产数字活化工作的科学性和有效性，为文化遗产的永续利用提供有力保障。

文化遗产数字活化是一项复杂而系统的工程，需要综合运用多种数字化技术和方法，深入文化遗产内部，深刻挖掘文化背后所蕴含的蓬勃的文化活力，抓取能够打动人的文化要素，同时还要关注其社会效益、经济效益等多个方面。在对大运河文化遗产数字化的探索中，我们可以看到数字技术在文化遗产保护中的巨大潜力和广阔前景。因此在未来，我们要继续加强文化遗产数字活化的研究和应用工作，推动文化遗产保护事业的不断进步和发展。

8.2　传统文化遗产展示方式的局限性

传统文化遗产作为人类文明的瑰宝，承载着丰富的历史信息与文化价值。然而，传统的展示方式往往面临着诸多局限性，这些局限不仅影响了观众对文化遗产的深入理解和体验，也制约了文化遗产的有效传播与保护。通过扬州中国大运河博物馆的数字活化设计案例，我们可以深入剖析传统展示方式的不足，并探讨如何通过创新设计手段突破这些局限。

传统文化遗产展示方式的主要局限之一在于展示形式的单一性。传统展馆通常采用静态展示的方式，如文物陈列、图片展示和文字说明等，这种方式虽然能够直观地呈现遗产的样貌，但缺乏互动性和参与感。观众只能通过观看和阅读来获取信息，难以深入体验和感受文化遗产背后的历史与文化内涵。这种单向的信息传递方式容易使观众产生疲劳感，影响观展体验，同时也限制了观众对文化遗产的主动探索和理解。

传统展示方式还存在缺乏创新性的问题。传统展馆的展览内容往往局限于既定的框架内，如同一本厚重的历史书，虽记载着丰富的过往，却难以翻出新意。这种固化的展示模式不仅削弱了文化遗产的活力，也难以满足当代观众对于新鲜、多元信息的渴求。随着科技的飞速发展和社会文化的不断进步，观众对展览内容的期待已远远超出静态的文物陈列和简单的图文说明。同时，传统展示在内容的更新上也存在严重的滞后性，面对日新月异的学术研究成果和技术革新，传统展馆往往显得力不从心，难以迅速将这些新成果融入展览之中。这导致观众在参观时，可能无法接触到最前沿的知识和最新的研究成果，从而降低了展览的吸引力和教育价值。不止如此，传统展示在内容上也存在单一化的问题，这会直接限制文化遗产的传播范围和影响力。在信息爆炸的当下，如何吸引公众的注意力并激发他们的兴趣，是文化遗产传播面临的一大挑战。而传统内容的展示显然难以胜任这一任务，它无法有效地将文化遗产的价值和魅力传递给更广泛的受众群体，也无法在全球化背景下展现其独特的文化魅力和历史底蕴。因此，创新展示内容、提升展示效果，已成为传统文化遗产展示方式亟待解决的问题。

随着时代发展，观众对于传播平台使用体验的要求也在加深。传统展示方式在服务水平上难以满足现代观众的要求，服务水平普遍较低，缺乏人性化和个性化的服务，无法满足观众对于创新式学习、互动式新奇体验的需求。此外，传统展馆在设施建设和技术应用上也存在滞后性，无法为观众提供便捷、高效的参观体验。

针对上述局限性，扬州中国大运河博物馆的数字活化设计案例为我们提供了有益的启示。该博物馆通过创新设计手段，将传统文化遗产与现代科技相结合，打造了一系列独具特色的展览项目，如"大明都水监之运河迷踪"和"拙政问雅·夜苏博：一场跨越五百年的时空邀约"等。这些项目充分利用了虚拟现实、增强现实、全域投影实时渲染等新技术，为观众提供了沉浸式、互动式的观展体验。观众不再是被动的信息接受者，而是成为主动的探索者和体验者，能够在互动中深入了解文化遗产的历史与文化内涵。

大运河文化遗产的数字活化设计不仅突破了传统展示方式的局限，还实现了文化遗产的有效传播与保护。通过数字化手段，文化遗产得以以更加生动、直观的方式呈现给观众，增强了观众的参与感和体验感。同时，数字化手段也为文化遗产的保存、修复和传播提供了更加便捷、高效的方式。例如，大运河国家文化公园数字云平台通过构建立体化"一云五端"架构体系，实现了对大运河文化资源的全面整合和数字化展示，为观众提供了丰富的文化供给和便捷的参观体验。

尽管大运河文化遗产的数字活化设计取得了显著成效，但我们也需要清醒地认识到，传统文化遗产的再设计方式仍面临一些局限性。首先，技术应用的成本较高，需要投入大量的人力、物力和财力。对于一些资源有限的地区或机构来说，难以承担这样的投入成本。其次，数字化展示虽然能够增强观众的参与感和体验感，但也可能导致观众对文化遗产的"快餐式"消费。观众在追求新鲜感和刺激感的同时，可能忽视了文化遗产背后深层次的历史与文化内涵。

由前文可知，传统文化遗产展示方式存在诸多局限性，而数字活化设计则为突破这些局限进行了有益的探索和尝试。通过大运河文化遗产的数字活化设计案例我们可以看到，创新设计手段不仅能够提升观众的参与感和体验感，还能够实现文化遗产的有效传播与保护。然而我们也需要清醒地认识到数字活化设计还有需要我们进一步解决的问题和挑战，并且我们要积极采取相应的措施加以克服。只有这样，我们才能真正实现传统文化遗产的可持续发展和传承。

8.3　数字化技术在文化遗产中的应用

在探讨技术与文化的融合路径时，数字化技术在文化遗产中的应用无疑是一个生动而深刻的例证，大运河文化遗产的数字活化设计案例展现了具体的融合实践过程与深远意义。大运河丰富的文化遗产在数字化技术的赋能下焕发出新的生机与活力，不仅实现了对传统文化资源的有效保护与传承，还促进了文化产业的创新发展，为技术与文化的深度融合开辟了新的路径。

数字化技术在大运河文化遗产中的应用，首先体现在对文化遗产的全面记录与转化上。通过高精度的扫描、拍摄、录音及录像技术，大运河沿线的文档、档案、手稿、艺术品等珍贵资料被转化为数字形式，形成了丰富的数字化资源库。这一过程不仅减少了物理损耗，确保了文化遗产的长期保存，更为后续的数字化展示、研究与传播奠定了坚实基础。数字化技术使得这些文化遗产得以跨越时空限制，以更加便捷、高效的方式呈现给全球观众，极大地拓宽了文化传播的广度和深度。

在此基础上，数字化技术进一步推动了文化遗产的活化利用。大运河博物馆等数字化机构的建立，为大运河文化遗产的展示与传播提供了全新的平台。通过虚拟现实（VR）和增强现实（AR）技术，观众可以身临其境地探索大运河的历史场景、艺术作品及古代文化遗址，获得前所未有的沉浸式体验。这种数字化体验不仅增强了观众对文化遗产的感知与理解，还激发了他们对传统文化的兴趣与热爱，促进了文化认同感的提升。

同时，数字化技术还为大运河文化遗产的管理与保护提供了有力支持。文化遗产专家利用数据库、内容管理系统和元数据等技术手段，对数字化文化遗产进行组织、分类和检索，实现了文化遗产的数字化管理。这不仅提高了管理效率，还使得文化遗产的保护工作更加精准、高效。此外，云存储和分布式存储技术的应用，确保了文化遗产数据的长期保存与安全，为文化遗产的永续传承提供了坚实保障。

大运河文化遗产的数字活化设计案例，深刻揭示了技术与文化融合的内在逻辑与路径。一方面，技术为文化赋能，通过数字化、网络化、智能化等手段，为文化遗产的保护、传承与创新提供了前所未有的技术支持与可能性；另一方面，文化为技术提供了丰富的应用场景与灵感源泉，使得技术在文化领域的应用更加贴近人心、富有生命力。这种双向奔赴、深度融合的过程，不仅促进了文化遗产的活化利用与传承发展，还推动了文化产业的创新升级与高质量发展。

具体而言，技术与文化的融合路径主要体现在以下几个方面：一是以数字化技术为核心，构建文化遗产的数字化资源库与展示平台，实现文化遗产的全方位、多角度展示与传播；二是利用虚拟现实、增强现实等先进技术，打造沉浸式文化体验场景，提升观众的文化感知与参与度；三是加强文化遗产的数字化管理与保护，确保文化遗产的长期保存与安全；四是推动文化与科技的跨界融合，促进文化产业与其他产业的协同发展，形成新的经济增长点。

在大运河文化遗产数字活化的实践中，我们可以看到技术与文化融合所带来的巨大成效与深远影响。一方面，数字化技术的应用使得大运河文化遗产得以更好地保存与传承，为后人留下了宝贵的文化遗产；另一方面，数字化体验与沉浸式展示激发了公众对传统文化的兴趣与热爱，促进了文化认同感的提升与民族凝聚力的增强。此外，技术与文化的融合还推动了文化产业的创新发展，为大运河文化资源的全民知晓、社会共享、参与体验提供了有力支持。

展望未来，随着数字化技术的不断发展与创新，技术与文化的融合路径将更加宽广与深入。我们将继续探索更多元化、更高效的数字化技术手段，为文化遗产的保护、传承与创新提供更加有力的支持。同时，我们也将更加注重文化资源的挖掘与利用，推动文化产业与其他产业的深度融合与协同发展，为实现文化产业的高质量发展与中华文化的伟大复兴贡献力量。

8.4 文化遗产数字化中的用户体验设计

在文化遗产领域，用户体验设计已成为连接过去与现在、促进文化传承与创新的关键桥梁，我们可以看到技术与文化如何交织共生，共同打造出既富含历史韵味又不失现代感的文化体验，这不仅是对大运河这一历史的重新诠释，更是对用户体验设计在文化遗产保护与传播中核心价值的深刻运用。

在大运河文化遗产的数字活化过程中，技术如同坚实的骨架，支撑起整个项目的运作与呈现。从高精度的三维扫描到复杂的虚拟现实场景构建，每一步都离不开先进技术的支持。这些技术不仅让大运河的每一处细节得以精准复刻，更在视觉、听觉乃至触觉等多个维度上为用户打造出身临其境的感官体验。然而，技术的运用并非数字化的全部，体验设计的引入方为数字化注入了灵魂。

用户体验设计在大运河数字活化项目中占据着核心地位。它不仅仅关注技术的实现与展示效果，更在意如何触动用户的情感，引发共鸣。设计师们通过精心策划的故事线、富有层次的交互设计以及沉浸式的环境营造，将用户带入大运河的历史长河之中。在这里，用户不再是旁观者，而是故事的参与者，他们可以亲身体验运河的繁荣与变迁，感受文化的温度与力量。这种深度触动的用户体验，不仅加深了用户对大运河文化遗产的认知与理解，更激发了他们对传统文化的热爱与尊重。

互动性是文化遗产数字化中用户体验设计的一大亮点。通过 AR、VR 等技术的运用，用户能够与虚拟环境进行实时互动，探索不同文化遗产的每一个细节，发现隐藏的故事与秘密。这种互动打破了物理空间的限制，让用户仿佛置身于真实的历史场景之中，赋予了用户更多的自主权和创造力。他们可以根据自己的兴趣与需求，选择不同的游览路线、参与不同的文化活动，甚至创作属于自己的运河故事。这种高度的互动性不仅提升了用户的参与感和满意度，还促进了文化的传播与交流，让文化遗产真正"活"了起来。

在文化遗产数字化中，个性化与定制化服务成为提升用户体验满意度的重要途径。大运河数字活化项目充分考虑到不同用户的背景、兴趣与需求，为他们提供了个性化的文化体验方案。例如，针对青少年用户，项目可以设计一系列寓教于乐的互动游戏，让他们在玩乐中学习运河的历史知识；而对于研究学者和历史爱好者，则可以提供更为深入的专业资料与数据分析工具，满足他们深度探究的需求。这种个性化与定制化的服务提高了项目的吸引力与竞争力，促进了文化遗产的多元化传播与利用。

大运河文化遗产的数字活化设计案例为我们提供了一个宝贵的启示，即在文化遗产保护与传播中，用户体验设计应当成为我们关注的焦点。因此，文化遗产的数字化设计也要重视体验设计的应用，增强用户在学习中的参与感，引导其深入了解文化遗产。通过强互动性的趣味交互、提供个性化定制服务等，我们可以为用户创造出更加丰富、深刻、有意义的文化体验，让文化遗产在数字时代焕发出新的生机与活力。

8.5 文化遗产的可持续发展与社会影响

在探讨文化遗产的可持续发展与社会影响时，大运河文化遗产的数字活化设计案例为我们提供了一个生动而深刻的范例。这一项目不仅展现了技术在文化遗产保护与创新中的强大潜力，更揭示了其在促进文化传承、增强社会凝聚力以及推动可持续发展方面的深远意义。以下，我们将从数字活化的长期效益分析与社会影响力两个维度，深入剖析大运河文化遗产数字活化所带来的多维度影响。

8.5.1　数字活化的长期效益分析

数字活化作为文化遗产保护的新模式，其长期效益体现在多个层面，为大运河这一历史瑰宝注入了新的生命力。首先，数字技术的运用实现了对文化遗产的精准记录与永久保存。通过高精度三维扫描、虚拟现实（VR）、增强现实（AR）等先进技术，大运河的每一处细节都被细致入微地捕捉并转化为数字资产，这些数字资产不仅可以在线上平台广泛传播，还能够为未来的修复与研究提供宝贵的数据支持。这种数字化的保存方式，有效避免了自然灾害、人为破坏等不可预知因素对文化遗产的损害，确保了文化遗产的安全与完整。

数字活化还能促进文化遗产的传播与普及。传统的文化遗产展示方式往往受限于时间与空间，而数字活化则打破了这些限制，使得大运河的文化魅力能够跨越地域、穿越时空，触达更广泛的受众群体。通过互联网、社交媒体等渠道，用户可以随时随地访问大运河的数字内容，参与互动体验，感受其深厚的历史底蕴与文化内涵。这种便捷、高效的传播方式，不仅提高了文化遗产的知名度与影响力，还激发了公众对传统文化的兴趣与热爱，为文化传承奠定了坚实的基础。

不止如此，数字活化还带动了相关产业的发展与升级。随着大运河数字活化项目的深入实施，一系列配套服务与产品应运而生，如虚拟现实旅游、在线展览、文化创意产品等。这些新兴业态不仅丰富了文化市场的供给，也促进了文化产业与旅游、教育、科技等多领域的融合发展。同时，数字活化还为文化遗产的商业化运作提供了可能，通过版权授权、品牌合作等方式，实现文化遗产的经济价值与社会效益的双赢。

从可持续发展的角度来看，数字活化为文化遗产的保护与传承提供了可持续的动力。通过技术创新与模式创新，数字活化不断推动文化遗产保护理念的更新与升级，使文化遗产保护工作更加科学化、系统化、高效化，进而让文化遗产成为推动社会进步与发展的重要力量。这种良性循环的形成，为文化遗产的可持续发展奠定了坚实的基础。

8.5.2 文化遗产的社会影响力

大运河文化遗产的数字活化不仅带来了技术层面的革新与产业层面的发展，更在社会层面产生了深远的影响。文化遗产作为民族记忆的载体与身份认同的象征，其数字活化增强了民族自豪感与文化自信。通过数字技术的呈现与传播，大运河的历史故事、文化特色得以生动展现，让公众更加直观地感受到中华文化的博大精深与独特魅力。这种文化认同感的增强，有助于凝聚民族精神，激发爱国热情，推动社会和谐稳定。

在全球化的今天，文化交流日益频繁，而文化遗产作为各国文化的瑰宝，其数字活化为文化交流提供了新的平台与契机，极大地促进了文化交流与互鉴。通过大运河数字活化项目的展示与推广，国际社会得以更加深入地了解中国文化的独特魅力与深厚底蕴，增进相互之间的理解与尊重。同时，大运河的数字活化也为中国文化走向世界提供了有力的支撑，推动了中国文化在国际舞台上的交流与传播。

文化遗产的数字活化还对社会教育产生了积极影响。传统的教育方式往往侧重于书本知识的传授，而文化遗产的数字活化为学生提供了更加直观、生动的学习体验。通过参与大运河的数字互动体验，学生可以更加深入地了解历史、感受文化，培养审美情趣与人文素养。这种寓教于乐的教育方式，不仅提高了学生的学习兴趣与积极性，还促进了学生综合素质的全面提升。

除此以外，文化遗产的数字活化还促进了社会经济的可持续发展。作为旅游资源的重要组成部分，文化遗产的数字活化为旅游业的发展注入了新的活力。通过打造独具特色的数字旅游产品与服务，大运河不仅吸引了大量游客前来参观游览，还带动了周边地区的经济发展与产业升级。同时，文化遗产的数字活化还促进了文化创意产业的蓬勃发展，为当地经济的多元化发展提供了有力支撑。这种经济效益的提升，不仅为文化遗产的保护与传承提供了更加坚实的经济基础，也为社会的全面发展与繁荣做出了积极贡献。

大运河文化遗产的数字活化设计案例，作为文化遗产保护与现代科技融合的典范，其深远意义与显著成效不容忽视。这一创新实践通过技术与文化的无缝对接，不仅让大运河这一古老的文化遗产在数字世界中重获新生，焕发出前所未有的生命力与活力，更以其独特的魅力跨越时空界限，触动了全球观众的心弦。传播方式的创新与升级，如虚拟现实、增强现实等技术的应用，极大地丰富了文化遗产的呈现形式，使观众能够身临其境地感受运河文化的博大精深，从而加深了对文化遗产价值的认识与尊重。大运河数字活化项目激发了公众对文化遗产保护的热情，促进了文化认同与民族自豪感的提升。同时，它也为地方经济社会发展注入了新的动力，通过文化旅游、文化创意等产业的融合发展，带动了沿线地区的经济增长与产业升级。这一成功案例不仅为国内外其他文化遗产的数字化保护与活化树立了标杆，提供了可复制、可推广的经验与模式，更为全球文化遗产保护事业贡献了中国智慧与中国方案，展现了中国在文化遗产保护领域的责任担当与创新精神。大运河文化遗产的数字活化设计案例，不仅在当前展现出了显著的成效与深远的社会影响，更为文化遗产的数字化保护开启了全新的篇章。展望未来，这一成功案例对文化遗产数字化领域的影响将是深远且持久的。期待未来能够有更加创新的技术、更加优质的文化遗产体验设计投入使用，为更多的文化遗产数字化保护做出新的贡献，为构建更加和谐、包容、可持续的文化社会提供有力的支撑与动力。

参考文献

［1］ 王蕾，白文明. 大运河文化在博物馆展示中的呈现与沉浸体验——以微山县博物馆为例［J］. 文物鉴定与鉴赏，2024（12）：64-67.

［2］ 霍艳虹，曹磊，杨冬冬. 京杭大运河"文化基因"的提取与传承路径理论探析［J］. 建筑与文化，2017（2）：59-62.

［3］ 孙心甜，黄玉琰，周文卓. 数字人文时代运河主题博物馆的陈列设计创新研究——以扬州中国大运河博物馆为例［J］. 文物鉴定与鉴赏，2023（11）：82-85.

［4］ 詹希旎，李白杨，孙建军. 数智融合环境下 AIGC 的场景化应用与发展机遇［J］. 图书情报知识，2023，40（1）：75-85+55.

［5］ 张健，王雨心，袁哲. AIGC 赋能传统文化传承设计方法与实践——以山西省永乐宫数字化展示中心方案设计为例［J］. 设计，2023，36（17）：30-33.

［6］ 王伶，田宝华，张予琛. 数字化技术在设计中的应用研究综述［J］. 包装工程，2023，44（4）：9-17，453.

［7］ 齐莲，赵蔚. 太极拳文化在 Z 世代群体中的数字化传承与设计［J］. 设计，2022，35（15）：65-68.

［8］ 魏加兴. 基于设计流程的产品数字化设计研究［J］. 包装工程，2011，32（6）：59-62.

［9］ 吴联凡，陆定邦，吴耀，等. 多感官设计的可视化分析：研究进展、热

点与趋势 [J]. 包装工程, 2022, 43 (22): 205-220.

[10] 张毅, 阳柠妃. 感性工学与情感化设计的设计方法比较研究 [J]. 南京
艺术学院学报 (美术与设计), 2017 (5): 178-181.

[11] 陈新宇, 牛熠, 邓毓博, 等. 基于体感识别的非物质文化遗产数字化交
互技术 [J]. 甘肃科学学报, 2015, 27 (2): 6-10, 32.